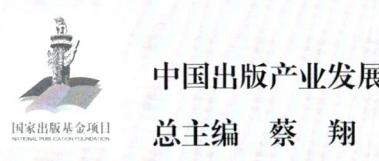

中国出版产业发展研究丛书（第一辑）
总主编 蔡 翔

媒介融合趋势下的出版变迁与转型

The Transformation of Publishing in Contemporary Media Convergence Trends

汪曙华 著

中国传媒大学出版社
·北京·

序:改革是出版发展的唯一路径

中国传媒大学副校长 蔡翔

国家新闻出版广电总局近期发布了最新的产业分析报告。从"十二五"期间的产业数据看,我国出版业呈现出良性发展态势,且不乏亮点和拓展空间,再次增强了我们的士气和信心。"十二五"期间,图书出版营业收入大幅增长且年年增长,2015年达到822.6亿元,5年增幅达261亿元,增长了46.4%。传统出版与新兴出版的融合发展势头强劲,作为新业态的数字出版五年增长了318.7%,且每年增速超过30%,已成为增长最快的板块。出版业整体资本实力显著增强,据世界银行发布的资料,我国出版业投融资能力已稳居世界第一位,在跨国兼并中,中国已经成为第一大主力阵营。从以上这些分析我们不难看出,在中国的文化产业建设中,出版产业堪称中流砥柱。出版产业做不好,文化产业成为支柱产业就有可能成为空话;只有出版做强做大,文化才能真正强大起来。

我们亲历并紧密关注出版业发展,是出于产业思考,更是出于文化情怀。出版作为内容产业和文化事业,是人类知识积累和文化传承的重要力量,寄托了一代又一代文化人的理想和情怀。出版传承文化的本质不会随着时代更迭和技术变革而发生变化,其本质与产业化运营并不相悖,产业是出版的载体,产业化运营是出版更好发挥社会功用的引擎,这已经被过去十几年我们出版业翻天覆地的变化所验证,也是身处其间的我们真切感受到的。

2002年,党的十六大正式提出发展文化产业,十七届六中全会决定把文化产业发展成国民经济支柱型产业。我们的出版管理部门敏锐地捕捉到改革对于推动文化产业成为支柱产业的重大意义。以柳斌杰署长为代表的一代改革派,在其后的十年间,和支持者、同行者们一起,坚定地拉开了改革的序幕,推动了中国出版市场化的进程,有力地提升了文化产业在我国国民经济体系中的影响力、活跃度和话语权。

如今回首,从时间进程上看,这十年的中国出版体制改革具有渐进性特点,并表现出明显的阶段性。2003年,国家开展文化体制改革试点工作,出版体制改革拉开帷幕。2005年,随着中央《关于深化文化体制改革的若干意见》出台,出版体制改革工作全面展开,并按照区别对待、分类指导、循序渐进、逐步推开的原则,在出版全行业不断深化。改革不仅有路线图,更有时间表,始终有条不紊,稳扎稳打,取得一系列突破性成果。例如,国有经营性出版单位相继有序实现转企改制;又如,出版行业突破障碍开展跨地区、跨部门、跨行业并购重组,经此催生的大型出版集团和企业开始尝试上市融资,运用资本的力量不断提升市场地位……2009年,新闻出版总署《关于进一步推进新闻出版体制改革的指导意见》出台,增强了改革的攻坚力度,使改革总体上保持着积极稳妥、有效有序的态势。行至2011年"十二五"开局之时,全国581家图书出版单位除四家公益性出版社和部队出版单位外,地方、高校和各部委出版社基本完成转企改制任务,正式成为市场主体,走出与市场接轨的关键一步。到2012年十八大召开之际,原定十八大前完成的改革目标基本如期完成。

2002年至2012年间的改革成果丰硕,为中国出版业开拓了全新的局面。首先,改制帮助出版企业确立了市场主体地位,经营活力得以激发,出版生产力得到释放,全行业发展动力强劲,产业规模不断扩大。统计表明,2012年新闻出版业总产出达1.6万亿元,而作为改革试点起始年的2003年这一数据仅为3 000亿元,改革十年,产值提高了5.33倍。其次,改制推动了出版业的市场化进程,市场逐步成为配置出版资源的主要手段,出版业跨区域、跨媒体的资源整合不断深化,战略性重组所培育的大型出版传媒集团产业地位突出,竞争力越来越强。2011年年底前,全国已组建出版集团33家,其中不乏江苏凤凰出版传媒集团这样的百亿级产业航母。再次,改制使中国出版业探索资本化运营的勇气和信心不断增强,驾驭资本力量的手法也越来越娴熟。这一过程中,资本无孔不入地渗透到出版业各个角落,提升着中国出版业的活力。无论是上市融资,还是战略重组,资本越来越成为中国出版业得心应手的武器。而最后,最能激发中国出版人激情的是,改制使中国出版业开始放眼世界,坚定地迈步"走出去"。国际化是中国出版业未来发展战略的重要一环,是提升中国文化软实力的重要方向,事实上,这也是改革后产业强大带来的必然结果。

2012年是出版体制改革的一个分水岭。虽然中央确定的十八大前的改革任务至2012年年底业已完成,但改革并没有就此停步。党的十八大报告就文化领域发展提出了"促进文化和科技融合,发展新型文化业态,提高文化产业规模化、集约化、专业化水平"的新要求,中国出版业要实现这种优化升级,必须进一步深化改革,解放出版生产力。2002年至2012年仅走完改革的第一阶段,为我们出版业奠定了良好的发展基础,最大程度扫清了"拦路石",但束缚出版生产力的因素依然存在。改革进入"深水区",需要出版人以更大的信念、勇气和魄力破解深层次矛盾与问题。其时,我们抱以最大热情的出版业伴随改革进程也出现了一些不尽如人意之处,引发不少争议甚至非议,需要我们正本清源、继续前行。

所有的矛盾、问题、争议、非议,归结起来在这几个方面。其一,产业发展初期重规模轻质量的做法给我们出版行业带来很多泡沫,如在我相对熟悉的学术出版领域,推出了不少平庸之作乃至垃圾作品,引发整个学术共同体的不安。必须解决发展是追求规模还是追求质量的矛盾,质量优先的发展方式才是可持续的。其二,出版产业的市场竞争力还不够强。由于体制机制等各方面的限制,目前很多出版企业产权改革仍不到位,还没有真正成为市场主体。其三,我们的法律制度环境还不够完善,统一开放、竞争有序、健康繁荣的大市场体系还没有完全建成,致使产业资源配置难以进一步优化,出版业资本运营遭遇瓶颈。而最后也是最重要的是,中国出版在当今世界出版格局中仍"大而不强",我们现在的作品还不能进入具有世界影响力作品的行列,还不能用触及人类文明根本的话题引发世界的共鸣。在看到出版业天翻地覆的变化时,冷静审视这些客观存在的问题,继续拓展前行之路,是我们出版人的使命和义务。我们都有一个共识:改革是发展的根本动力,只有坚持改革,才能有发展;改革难免遇到问题和挑战,也正是改革让各种矛盾和问题愈加凸显,问题的背后往往潜藏着深刻的制度根源,而改革遭遇的问题恰恰只能通过深化改革、继续发展来解决。

改革是一代出版人的事业,只有置身于改革历程中的人,才能体味它所带来的诸般况味,有荣耀有光环,也有误解和遗憾。达成通过改革谋发展共识的"我们",是这十几年出版改革的亲历者,包括新闻出版总署、各出版传媒集团以及出版研究机构有远见的领导们,他们曾是出版改革的推动者,同时,也是深入思索出版的过去、现在和未来的专家和学者。"我们"也有着中坚一代的成员,积极参与了出版改革的进程,并且正在后改革时代,主持和推动着出版产业的优化升级。"我们"还有出版学界培养的大量年富力强、充满创造力的年轻学人。

出版就是这样一个产、学、研息息相关的行业,理论积极指导着行业实践,行业变迁不断修正着我们的理论,形成了有机、良性互动的生态。作为柳斌杰先生的弟子,我很荣幸在先生指引下,主持了中国传媒大学出版社的转企改制,并创立了中国传媒大学编辑出版研究中心,比较全面地参与到2002年至今的出版改革进程中。前者的市场化进程开启于2002年,后者则创立于2004年,十数年来,两者从不同角度见证了中国出版业的凤凰涅槃,自身也因侧身其间得以不断成长和壮大。某种程度上讲,我们的编辑出版研究中心,地处首都、背靠传媒,有效整合了政府、学界和业界的优势资源,已经成为中国出版人才培养和决策参考的一块高地。我们的导师团队,汇聚了近三十位充满改革意识和创新思维的新闻出版界元老、出版传媒集团新锐领导以及出版管理机构、科研院所的专家学者,他们和中心的硕士、博士、博士后一起,形成了学界、业界有效联动的学术和产业共同体。这个共同体,一直以客观辩证的眼光,对中国出版改革进行着系统总结、剖析与反思。

这套出版产业发展研究丛书是中心的阶段性成果,被推荐列为2015年度国家出版基金项目。原中国出版集团总裁,现任韬奋基金会理事长聂震宁先生在推荐语中称:当下的中国出版业机遇和危机共存,要实现从出版大国到出版强国的转变,需要探索具有中国特色的当代出版产业发展路径。"中国出版产业发展研究"项目直面深化出版体制改革、出版产业政策调整、当代出版文化等重大前沿问题,多视角、全方位地为中国出版产业发展提供理论支持和智力支持,具有重要的学术价值与现实价值。原中国新闻出版研究院院长,现任中国编辑学会会长郝振省先生也对丛书给予了积极的评价,认为丛书内容系统、全面,涵盖了出版产业政策、产业转型、投融资、技术创新、国际传播、数字出版、媒介融合、文化自觉、大学出版等热点问题,是一套具有完整意义的出版产业观察丛书;同时,丛书并不止于产业研究,更从文化的角度诠释了中国出版业对人类、对中国、对世界的意义。作为主编,我很欣慰地看到丛书的正式推出,也很感谢两位前辈的支持和推荐。我们中心将陆续推出丛书的第二辑,第三辑……不断跟进、记录并反思中国出版改革以及优化升级的进程,并以更为客观的视角和理性的积淀为此进程源源不断地贡献力量。目前第一辑的作者大多还是中心的博士或博士后,他们都很年轻,普遍缺乏行业的历练,看问题的辩证性还有所欠缺。但他们的优点也很明显,没有桎梏、思维活跃、有跨学科背景、有国际化视野,是我们出版和文化产业研究的新鲜力量。丛书中《当前出版企业转型问题研究》《出版传媒上市公司投融资研究》《中国出版产业政策研究:社会转型与价值观建构》《中国数字出版产业政策研究》等都是对中国出版体制改革的客观观察,其中不乏尖锐的批评;《媒介融合趋势下的出版变迁与转型》《自出版管理问题研究》《中国数字出版内容国际传播研究》《中文人文社会科学学术期刊评价体系研究》等都能在相对开阔、与国际出版市场和评价体系对接的语境中谈论中国问题;《论出版的文化自觉》《大学精神与大学出版:民国时期"学人办刊"研究》则史论结合,从出版本质、出版价值这些更为根本的视角,以史为鉴,对中国出版产业发展的走向提出一己之见。

我很珍视丛书体现出的朝气和活力,我们的出版产业也正需要以这种朝气和活力不断推陈出新,打好深化出版体制改革、融合发展、内容创新的攻坚战;按照十三五的规划,建成文化保护传承体系、文化公共服务体系、文化产业发展体系等"六大"体系。在此过程中,值得关注和深入分析的问题还很多,包括公共服务体系如何建构、融合发展如何真正落实、学术出版机制如何调整、社会化出版现象如何看待、出版传媒法制建设如何推进、资本市场如何突破体制壁垒,等等,"中国出版产业发展研究"丛书后续将陆续推出同人的思考。我期待丛书真正成为一个开放性平台,聚合起更多同行者的力量,为出版行业、为文化产业的发展提供更多的理论和思想动力。我们的出版产业改革一直"在路上",我们的研究和行业观察也会一直"在路上"。

目 录 Contents

自 序 / 1

绪 论 / 1
  第一节　研究缘起与研究思路 / 1
  第二节　国内外文献综述 / 5
  第三节　研究方案设计与研究意义 / 14

第 1 章　媒介融合的内涵 / 22
  第一节　媒介融合概念的源起与各方界定 / 22
  第二节　媒介融合的核心内容 / 29
  第三节　媒介融合趋势中传媒业的发展前景 / 37
  本章小结 / 38

第 2 章　媒介融合中传统出版业面临的挑战与困境 / 40
  第一节　数字新媒介与印刷媒介的传播特性与效率比较 / 40
  第二节　新媒介条件下文化内容的生产方式变化 / 50
  第三节　媒介融合时代受众的信息获取与阅读方式的变迁 / 59
  第四节　媒介融合趋势下传统出版业的发展困境 / 71
  本章小结 / 90

第3章　媒介融合中出版业的变迁历程　/91

第一节　传统出版工作环节及出版媒介的数字化　/91

第二节　欧美传媒产业组织融合的总体历程与规律　/99

第三节　媒介融合中欧美出版传媒企业的整合与转型　/115

第四节　媒介融合中我国出版业的集团化发展　/139

本章小结　/154

第4章　媒介融合趋势下我国出版业的转型发展　/156

第一节　在媒介融合视角下重新认识出版的本质与价值　/156

第二节　政府应给出版转型发展提供市场空间与制度环境　/161

第三节　出版企业应通过有效的转型战略实现新的发展　/167

本章小结　/175

结　论　/177

参考文献　/180

自　序

时光荏苒，如白驹过隙。2011年，在一所南方师范类高校当了数年的编辑出版学教师后，我的心目中充满了深造的愿望，毅然来到中国传媒大学读博。那年我已虚年38岁，而周围不少博士生同学，比我年轻一轮还有余。三年的读博生涯，我也算努力，尽管也有慵懒的时候，但还是做了很多工作，成绩还不错，算是比较圆满。毕业之际，和其他更年轻的博士生一起，再次体验了找工作的过程，并且还能在十分激烈的较量中获得若干著名高校的教席，都应是前景光明的宽阔大道。然而，面对逐渐老去病患缠身的父母和盼我回归的妻儿，我还是回到了他们的身边，尽管事业之途看似只是一条小径。如果没有父母和妻子在后方的支持，我又怎能扶梯而上攀登到现在的高度呢？如果我人生的光荣与梦想篇章还会展开，那应该和他们一起谱写。

每一个人的成长与进步，都少不了人生的导师。在我的心目中，我的博士生导师蔡翔教授，不仅仅是我博士学业上的导师，无疑也是影响我未来行程的最重要的人生导师。蔡老师率直、真诚，在我们面对复杂局面手足无措之时，他总是能够充满力量睿智地引领大家。他在面对难题时的敏锐、快速抉择的气魄和给出完美解决方案的能力总是令人吃惊与敬佩。蔡老师对于他的学生的爱护与帮助，也总是出自内心和尽力的。有导师如蔡老师,我是很幸运的,不仅需要感谢,更需要感恩和祝福。

其实还有一位导师,尽管不是我的学业导师,但对我的帮助,他也是悉心的。我刚开始博士学业不久,就听说李频教授要调到中国传媒大学编辑出版研究中心,这令我惊喜。李频老师对于学术研究的那份真诚,足以感染我们每一个人。他对于学科发展的推动是无私的,他让我看到了学者应有的情怀,也使我对投身编辑出版学这个艰难成长的学科有了一些勇气和信心。每一次我在困惑中寻找李老师解惑时,他总是能够极为耐心地条分缕析,以他作为杰出学者的严谨和智慧帮我找到问题的关键。无论是在我博士论文的写作,还是在工作与前途的问题上,李老师总是乐于给予我指引和勉励。感谢李老师给予我,给予我们所有的编辑出版博硕士成长的关怀,这种关怀,在某种程度是超越个人的,也关乎于学术、学科、文化。

感谢是很难的,很多情况下只能是一种心意。我也难忘刚开始读博士时柳斌杰署长、郝振省院长等师长的鼓励,难忘在博士开题、中期答辩过程中,袁军教授、聂震宁教授、刘昶教授、段鹏教授等诸位师长给予的诸多指点。编辑出版研究中心的刘大年师兄、张雨晗学姐,在我们的学习过程中做了具体细致的支持工作,他们很勤奋、很辛苦,也很有成绩。而我的博士论文写作由于种种原因,困难重重,谷征等学长分享了他们的重要经验,赵树旺同学也提供了难得的具体帮助。还有周围一起为学业和前程艰难求索奋斗的同学,也感谢和祝福他们。

2014年春夏之交,尽管时有雾霾遍布京城,但草叶快速生长飘散于空中的春夏特有的芬芳气息,仍然令人对广院和京城充满流连。今天我已回到遥远的南方,面向未来的人生岁月,我心中充满着师长们给予的勇气、智慧与希望。

汪曙华
2016年5月

绪 论

第一节 研究缘起与研究思路

一般认为,人类传播迄今已经历了语言传播时代、文字传播时代、印刷传播时代和电子传播时代,目前已进入数字传播时代。在这一进程中,人类社会的信息传播能力越来越强,传播方式本身也不断地发生着变革,技术创新是传播方式和传播媒介变革的第一推动力。20 世纪 70 年代以来,以数字技术为核心的信息技术获得了飞速发展,计算机、互联网等技术已越来越深入地应用到人类社会的方方面面,使得人类社会步入信息时代。进入 20 世纪 90 年代后,传媒业深受网络等数字新媒介的影响与冲击。对传媒业影响更大的是传播数字化推动的当代媒介融合大潮,如何顺应媒介融合趋势,找到在传媒业急剧变革的时代的生存空间,则是包括出版业在内所有传统传媒业门类都必须思考的问题。现今媒介融合(Media Convergence)这一概念从不同角度有着不同的理解。目前学术界公认最早提出传媒领域"融合"概念和提法的是美国学者 I.浦尔(Ithiel de Sola Pool)。他认为"数码电子科技的发展是导致历来泾渭分明的传播形态融合的原因。其本意是指各种媒介呈现出多功能一体化的趋势。"所谓多功能一体化,目前在互联网这一数字化新媒介上体现得非常明显,互联网具有了集旧有媒介传播功能于大成的特点。而美国学者安德鲁·纳齐森(Andrew Nachison)将媒介融合界定为"印刷的、音频的、视频的、互动性数字媒体组织之间的战略的、操作的、文化的联盟"。显然,两位学者用"媒介融合"一词描述的是不同层面的现象,前者意指传播介质层面的功能整合,而后者意指产业层面的媒体组织整合,事实上,他们代表了两种对于媒介融合的典型认识。也有学者总结认为媒介融合应具有微观、中观、宏观等不同层面的表现,涵盖传媒技术融合、业务融合、市场融合、组织融合与产业融合等多层次含义。

本研究以媒介功能进化层面上的媒介融合为讨论的逻辑起点。当代以互联网为中心媒介的媒介融合,在根本上是数字技术驱动的。数字信息系统能够加工和传播多媒体信息,文字、图像、音视频等一切形式的内容形态数字化后都能在互联网上有效表达、存储、传播与呈现。以互联网为代表的数字化新传媒与传统媒介相比,在传播功能和传播效率上有质的飞跃,是更加完善的信息传播载体,同时也给人类社会传播观念甚至社会系统运转都带来深刻影响。现代传媒一方面是人类社会系统中"神经系统",对人类社会有序运转与进化有重要意义,同时,传媒业也是经济系统中的重要产业门类。数字化互联网的形成能促进人类社会"神经系统"的改造和功能升级,必然对人类社会政治经济文化有深刻影响,而传媒产业也必然因之重新整合。从某种意义上讲,互联网具有颠覆性能量。

本研究中的"媒介融合趋势"第一个层面意指互联网等数字化新媒介所带来的传播整合化趋势。在这一层面,我们看到,过去印刷媒体、电视等载体传播的内容,现在可以在互联网络上更高效地传播,这些传统媒体过去垄断的领域有了替代途径,其地位受到了威胁。具体到出版传播领域,当互联网成为媒介融合的中心时,传统出版业的"势力范围"正被网络媒体蚕食。对此需要进一步思考:(1)当以往依赖出版途径传播的内容,转移到互联网上传播时,这种传播活动是出版吗?在新媒介条件下,出版的本质又是什么?出版活动的边界如何确定?(2)过去通过印刷出版的各类内容,哪些内容目前已可在互联网上高效低成本获取,若出版将无利可图,哪些内容还有出版价值?(3)互联网时代的受众获取内容信息的行为和条件有何改变?他们接触与使用出版物的外部环境与条件变化了吗?总体来说,本论题首先思考的是,媒介融合趋势下,出版为什么需要转型?媒介融合条件下出版活动的市场空间和方位在哪里?还有多大?

其次,在传媒组织发展层面,围绕互联网开展新媒体业务的网络媒体已快速发展,对传统媒体构成了威胁。相应地,传统媒体组织也并非固守原有运转模式,而是都采取了措施发展自身,也纷纷谋求"上网",进而发生了数字技术条件下传媒生产与运营层面的媒介融合。在产业组织形态上,媒介融合趋势的一个重要表现是传媒相关企业和机构间的兼并、联合和重组,媒体组织间的融合可使得融合后规模更大的媒体组织拥有跨媒介的更强、更综合的传播能力和竞争优势。当然与媒介组织有关的产业组织的融合,未必都是围绕数字化媒介的产业开发产生的。本研究关心的第二层面的问题即:围绕传播新业态而发生的传媒业务和产业组织融合的进程。具体到出版业而言,20世纪80~90年代间,以我国为例,出版机构逐步完成印刷出版物生产流程的数字化改造。进入21世纪后,数字出版新业态逐渐形成,主要传播载体是互联网。但数字出版运营较成功的基本为新兴互联网内容服务提供商(ICP),传统出版社虽实施数字出版转型,但进展非常缓慢。出版企业参与的组织融合,在我国主要是近年来政府推动的集团化,但并非围绕数字出版业态转型展开。而在西方如美国,围绕数字出版展开组织并购与融合的趋势则较为明显。在这一层面,需要着重思考如下问题:(1)出版企业以何种方式顺应媒介融合趋势实现转型发展。(2)在媒介融合趋势中,国内外出版企业参与媒介融合的情况与效益。

再次,媒介融合还表现为传媒相关产业间的交叉、渗透和重组。20世纪90年代以来,由于数字化、网络化的深刻影响,以往各行其道的不同传媒领域、计算机业乃至电信业等领域的业务和产品不可避免地发生交叉和渗透,促使这些领域合作构建交叉平台、开发交叉产品,以延伸产业链和寻求收益共享。这不仅使得技术资源、信息资源、传播资源在更广阔的范围内得到合理配置,也给这些行业领域开拓了新的发展空间。产业层面的媒介融合给传媒业带来了深刻变革。在当今的历史方位回顾,我们一方面看到的是媒介融合进程中传媒业实际已经客观发生的"变迁",另一方面我们看到的是传媒业为应对媒介融合而主动采取的策略性"转型",这两方面往往并不一致。对于这一过程,有如下问题需要思考:(1)媒介融合趋势下,出版业变迁的历史进程与趋势有无规律可循?(2)出版业转型有哪些影响与制约因素?我国传统出版业实施数字出版转型为何极为迟缓?也就是说,论题进一步探讨的是,面对媒介融合,出版业变迁有何规律性趋势?出版业转型有哪些影响与制约因素?

最后,本论题在前述分析的基础上,试图针对我国出版业转型的方向、路径与策略提出构想。这种策略性探讨应该具有充分的学理依据,是前文逻辑分析的自然结果。所提策略应是多角度多层面的,如宏观涉及政府和产业政策,中观涉及行业,微观涉及出版企业。总体思路应是,出版业应在媒介融合中,找准自身的方位与空间,实施技术平台升级、产业组织重组、企业制度转换,构建全媒体化产业链,开发新形态的出版物;政府产业政策与规制应该顺应媒介融合条件下的传媒产业发展规律,对出版产业政策做深度调整,为出版业转型创造好的政策条件。

第二节 国内外文献综述

一、国外对媒介融合的相关研究

西方国家对于媒介融合这一趋势和现象的认识早在 20 世纪 70 年代就已产生。1979 年,美国 MIT 媒介实验室的尼古拉斯·尼葛洛庞蒂就曾指出,在数字技术应用与推动下,到 20 世纪末,广播和电视业、印刷和出版业、电脑业将逐渐重叠,但他并没有明确提出媒介融合的概念。如前所述,美国学者 I.浦尔于 1983 年在其著作 *The Technologies of Freedom* 中首先在传播介质功能层面提出了媒介融合概念。此后一些学者开始对媒介融合现象展开研究,代表性成果如 Thomas Baldwin 所著 *Convergence: Integrating Media, Information & Communication*(1996),Roger Fidler 所著 *Mediamorphosis: Understanding New Media*(1997)。21 世纪初,随着信息技术的发展及在传媒业的应用,媒介融合在西方新闻学界受到较为普遍的关注,媒介融合开始成为研究热点,学者们对媒介融合纷纷提出了自己的见解,如前述纳齐森 2001 年的界定。纳齐森的观点代表了一种转向,西方学者对于媒介融合的研究更多地转向对媒介业务与媒介组织融合的分析,对于媒介融合的认识则更为丰富和多元化,如詹金斯(Jenkins)2001 年认为"媒介融合"有五种形式:技术融合、经济融合、社会或组织融合、文化融合和全球融合。美国学者 Rich Gordon 于 2003 年提出,媒介融合存在以下类型:所有权融合(ownership convergence)、策略性融合(tactical convergence)、结构性融合(structural convergence)、叙述与呈现融合(storytelling or presentation convergence)。其他有代表性的专著有 Don Ranly 等所著 *Telling the Story: The Convergence of Print, Broadcast, and Online*

Media（2003），Robert Atwan 所著 *Convergences：Message，Method，Medium*（2004），Kenneth C. Killebrew 所著 *Managing Media Convergence：Pathways to Journalistic Cooperation*（2004），Gracie L. Lawson-borders) 所著 *Media Organizations and Convergence：Case Studies of Media Convergence Pioneers*（2005）等。Henry Jenkins 所著 *Convergence Culture：Where Old and New Media Collide*（2008），Klaus Bruhn Jensen 所著 *Media Convergence：The Three Degrees of Network，Mass and Interpersonal Communication*（2010），Janet Staiger 等所著 *Convergence Media History*（2009），Graham Meikle 所著 *Media Convergence：Networked Digital Media in Everyday Life*（2012）等。

目前，媒介融合仍是西方传媒学界的研究热点之一，以美国学者为代表的传媒学者对于媒介融合研究的视角较为广泛，涉及传播技术、传媒业务与组织、传媒产业、媒介政策与管理、对社会与文化的影响等，尤其关注媒介融合条件下的媒介组织、媒介经营与媒介业务。但他们更多讨论的是新闻传媒领域的媒介融合，针对出版业讨论甚少，罕见讨论媒介融合对出版业影响与应对的系统论著，尽管尼古拉斯·尼葛洛庞蒂早就提及"印刷与出版业"是媒介融合中主要角色之一。讨论涉及印刷出版业较多的论著主要是前述 Don Ranly 的 *Telling the Story：The Convergence of Print，Broadcast，and Online Media*（2003），也有一些西方学者撰文讨论媒介融合中出版业的发展，如 Patrick Gibbins 在 *Electronic Publishing：The Future Convergence of Many Disciplines* 一文中提出"信息产品能够达到印刷产品的市场接受程度，信息产品和服务能够满足大众消费市场的信息需求时，我们才真正可以说我们处在电子出版的商业模式之中"。Lynne Cookede 在 *A Visual Convergence of Print，Television，and the Internet：Charting 40 Years of Design Change in News Presentation* 一文通过实证研究指出印刷出版媒介、电视和互联网正趋于"视觉融合"。总体而言，西方学界罕见专门而系统地研究媒介融合对于出版业影响的著作。

二、国内对媒介融合的相关研究

1.总体情况

在我国,20世纪90年代末及21世纪初,传媒学者开始注意到美国等西方国家的媒介融合研究,并陆续撰文介绍相关研究及成果,一些美国媒介融合领域的研究著作也陆续翻译出版。我国传媒学者蔡雯在引介西方媒介融合研究方面起到了重要作用。她根据自己赴美国参与项目研究过程中了解到的情况,发表《从"超级记者"到"超级团队"——西方媒体"融合新闻"的实践和理论》(2007)一文,详细介绍了美国新闻传媒业界媒介融合实践情况,并系统梳理和介绍了当时美国媒介融合研究的一些重要成果,该文受到国内传媒学界普遍关注。同时,国内传媒学界对于媒介融合的研究也逐渐升温,目前已是传媒研究领域的前沿热点之一。

笔者在中国知网学术论文数据库中,以"媒介融合"为关键词精确搜索,2000年以来我国已正式发表的题名中包含"媒介融合"的论文分布情况为:2015年752篇,2014年445篇,2013年313篇,2012年325篇,2011年273篇,2010年247篇,2009年150篇,2008年74篇,2007年40篇,2006年16篇,2003年1篇。此数据大致反映了我国传媒领域与媒介融合相关研究的发展情况,可以看出,总体上我国国内媒介融合研究始于2006年前后,随后几年快速发展,研究热度一直呈增加趋势,既反映了我国传媒行业实践中媒介融合已是重要方向,也反映了学界对媒介融合问题的关注。这些论文论题涉及传媒领域各个方面,多涉及传媒业务、传媒产业与组织的媒介融合对策,总体上对新闻传播媒介领域研究较多,涉及报纸、广电、网络新闻媒体等。论及出版领域的论文较少,探讨媒介融合条件下出版领域相关问题的论文,出现于2008年前后,截至目前总计仅

80余篇。①

在学术论著方面,2000年后,我国学者翻译引介了一些国外(主要是美国)媒介融合研究领域的论著,近两年来重要的译著主要有:Stephen Quinn〔澳〕和Vincent F. Filak〔美〕所著《媒介融合:跨媒体的写作和制作》(2009)、延森〔丹麦〕所著《媒介融合:网络传播、大众传播和人际传播的三重维度》(2012)。2007年起,随着国内媒介融合研究的发展,本土媒介融合研究著作开始出现并逐渐增多。较有代表性的有:王菲2007年所著《媒介大融合:数字新媒体时代下的媒介融合论》,该书由作者博士论文修改而成,被国内传媒学界认为是我国媒介融合理论研究的重要成果。其他如付玉辉所著《大媒体产业:从媒介融合到产业融合》(2008)、徐沁所著《媒介融合论:信息化时代的存续之道》(2009)、黄金所著《媒介融合的动因模式》(2010)、许颖所著《媒介融合的轨迹》(2011)。另外,黄楚新主编的《媒介融合背景下的传媒创新》(2011)为我国知名学者关于媒介融合背景下的传媒创新的论文集,议题包括媒介融合背景下的学术研究、报业发展、电视变革、广播战略,以及其对青少年的影响、对媒介制度发展的影响等。近两年则有陈伟军所著《媒介融合与话语越界:传媒文化的多维阐释和散点透视》(2011),郜书锴所著《媒介融合时代的国际传媒业》(2012),杨娟所著《中国媒介生产融合研究》(2014),王润珏所著《媒介融合的制度安排与政策选择》(2014)等。

国内关于媒介融合较为核心的问题及代表性观点主要有:

关于媒介融合概念的界定。蔡雯认为,"媒介融合是指在以数字技术、网络技术和电子通讯技术为核心的科学技术的推动下,组成大媒体业的各产业组织在经济利益和社会需求的驱动下通过合作、并购和整合等

---

① 搜索涵盖中国知网学术期刊、博硕士学位论文、会议论文及重要报纸全文数据库。搜索时间为2016年2月。

手段,实现不同媒介形态的内容融合、传播渠道融合和媒介终端融合的过程。"① 高钢认为,媒介融合的本质在于"现代信息技术推进的信息传播的技术手段、功能结构和形态模式的界限改变及能量交换"。② 喻国明、戴元初从电视业角度认为媒介融合"是指基于数字化技术的不同媒介之间的资源共享,是电视媒体获得市场竞争力的一种有效策略"。③ 这些学者对媒介融合概念的理解与阐释角度不尽相同,但基本认为,媒介融合是以基于数字技术推动而发生的。也有学者有不同看法,匡文波、王丹黎提出,"媒介融合"有两种主要形式,一是媒体之间的整合与并购,力图在传媒业中以规模出效益;二是不同媒体之间的交融与互动,主要指在不同媒体之间传播方式和内容的相互借用,以促进共同发展。④ 显然这种理解主要是从产业及产业组织角度出发的,并未强调数字技术推动的新媒介的作用,这种看法也具有一定代表性。这表明学者对于媒介融合概念的界定还是有分歧的。

关于媒介融合的意义。陈国权认为媒介融合是不同媒介类型间的嫁接、转化、融合,形成各媒介形态的核心价值,占有产业价值链的关键一环。⑤ 孙海认为融合媒介具有以下优势:强大的信息检索功能;运用多种媒介形式全方位展示客观世界;政府、媒介、民众的即时互动功能;便携功能。但也具有弊端:(1)跨媒介集团造成媒介文化日益中心化和其他文化日益边缘化;(2)融合媒介的构成形态导致媒介拟态环境的无限扩大;(3)人对媒介的依赖性大大增强,导致"媒介人"的产生。⑥ 陶喜红认为媒介融合的多元化趋势对于媒介产业的发展意义重大。媒介之间跨媒体、

---

① 蔡雯、王学文:《角度·视野·轨迹——试析有关"媒介融合"的研究》,《国际新闻界》2009年第11期。
② 高钢:《迎接媒介融合的时代》,《新闻与写作》2009年第7期。
③ 孟建、赵元珂:《媒介融合:粘聚并造就新兴的媒介化社会》,《国际新闻界》2006年第7期。
④ 匡文波、王丹黎:《新媒介融合:从零和走向共赢》,《广告大观》2007年第8期。
⑤ 陈国权:《报业媒介融合的价值辨析》,《中国记者》2009年第5期。
⑥ 孙海:《融合媒介的利弊之辩》,《华中师范大学研究生学报》2009第3期。

跨地区融合,以及媒介产业和其他产业的跨行业的多元化融合,可以使媒介组织结构与工作流程发生巨大变化,将会大大增强媒介影响力,使媒介经济得到有效增长。①

关于媒介融合的发展路径。黄建友认为,媒介融合应该最先表现在传播渠道的融合上,而后是传播内容与媒介功能的融合,之后再是媒介组织机构的融合,且媒介机构的融合又会促使媒介内容、渠道、手段、功能、形态等方面的进一步融合,媒介融合正是这样一个动态的发展过程。②彭兰认为,媒介融合对传媒业的变革进程为:业务形态融合:多媒体日益兴起;市场融合:产品相互嵌入多元组合;载体融合:发行渠道的"合"与接收终端的"分";机构融合:在更高层次上的再分工。③

总体而言,目前,国内媒介融合研究较为活跃,已成为传媒研究的前沿与热点领域,近年来成果不断丰富,逐年增多,未来有望不断拓宽拓深。但相比于美国的媒介融合研究而言,我国媒介融合研究还不够深入,系统而学理性的研究并不多,同时也缺乏跨学科的研究视角,在研究方法上也有待提高,理论工具与实证研究手段均不丰富。

2.媒介融合与出版业发展的相关研究

如前所述,迄今我国出版业界和学界对于媒介融合与出版业发展的研究成果并不丰富,正式发表的期刊论文及博硕士论文仅数十篇,而论著更是难觅踪影。但媒介融合的趋势还是引起了出版领域学者的重视与关注,并进行了一些有益的探讨。我国出版研究领域就媒介融合问题的探讨主要集中在两个方面:

关于媒介融合趋势对于出版业的影响。沈菲菲认为,媒介融合的迅猛发展是其技术背景、消费者背景和产业背景共同作用的结果,它正深刻

---

① 陶喜红:《论媒介融合在中国的发展趋势》,《中国广告》2007年第5期。
② 黄建友:《论媒介融合的内涵及其演进路径》,《当代传播》2009年第5期。
③ 彭兰:《从新一代电子报刊看媒介融合的走向》,《国际新闻界》2006年第7期。

影响着我国转型中的出版产业。这种影响不仅体现在媒介技术层面,更体现在出版产业价值链构建层面。媒介融合使得传统的出版企业置身于一个新的产业链条上,传播渠道、内容、信息包装技术、发行平台与接收终端将成为未来产业链条的几个关键环节,以这几个环节为基础,会形成新的产业模式与格局,传统出版业受到的钳制力量将更多,利益的竞争者也会更多,它在传统时代的优势将会消失殆尽。① 欧阳志荣认为,媒介融合时代:传统图书出版面临严峻新挑战,网络时代,图书阅读率不断下降,几乎所有的图书出版社在图书资源数字化整合集成过程中,扮演的只是电子图书出版资源提供者的角色。全国电子图书市场的大部分份额掌握在少数几家非传统出版单位的电子图书出版商手中,使得传统图书出版社在未来的市场控制力上占弱势。同时,在数字平台上,传统的出版企业也已经失去占据网络平台品牌的先机。② 周山丹则认为,媒介融合时代,图书出版业一方面受到新媒体的严峻挑战,另一方面也获得了新的资源、新的机遇,对图书出版业而言,媒介融合已成为一种必然趋势。③ 代玉梅提出,媒介融合对出版业的影响主要体现在媒介融合重新整合出版产业价值链,并推动传统出版业变革。④

关于媒介融合趋势下出版业的发展对策。欧阳志荣认为,在媒介融合时代,传统图书出版突围的思路与对策应是:第一,明确自身定位,不断在内容、机制和出版流程上进行创新。第二,着力打造品牌,努力培养自己的研发能力,坚持科研资源的自主开发。第三,切实转变观念,积极探索数字出版模式和途径。第四,将外部技术与出版社自身的内容、特点紧密结合起来,走特色之路,实现技术与内容的无缝对接。第五,逐步培养和建立一支具有学科专业又能熟练运用数字技术的双栖专业编辑队伍。

---

① 沈菲菲:《媒介融合对我国出版产业价值链构建的影响》,《新闻世界》2010第8期。
② 欧阳志荣:《媒介融合时代的传统出版业:焦虑与应对》,《出版科学》2011年第7期。
③ 周山丹:《媒介融合时代图书出版业的发展策略》,《编辑之友》2010年第2期。
④ 代玉梅:《媒介融合视阈下出版业的变革与发展》,《编辑之友》2011年第9期。

第六,增强数字出版读物的策划力度。第七,努力适应媒介融合时代的特点,营造一个适应国情的网络出版和数字出版的良好环境。① 杨玲提出,面对媒介融合,出版企业应构建"动态能力",出版企业动态能力,是指出版企业洞察、应对和适应媒介环境变化,对企业内外部资源和知识进行动态整合和配置,以不断实现出版需求和出版价值创造的组织流程。② 潘涵等认为,面对媒介融合,应建立完善的图书文化产业链模式,以此实现图书的有效增值,促进出版业在市场经济条件下的商业化发展。③ 陶丹认为,媒介融合时代,出版企业需产业升级,产业升级必须依靠技术进步;产业结构的改善表现为产业的协调发展和结构的提升;产业素质与效率的提高表现为生产要素的优化组合、技术水平和管理水平以及产品质量的提高。④ 周山丹认为,面对媒介融合,图书出版业应采取如下策略:打造内容优势、整合多种资源;推动数字变革、寻求战略联盟。⑤ 巢乃鹏等认为,如何把握好媒介融合时代的本质特征,拓展出具有创新意义的发展战略以及相对应的发展路径,将是中国出版业在未来一段时间中需要关注和解决的重大现实问题。出版业在媒介融合时代可能的战略选择有三种:内容创新战略、渠道创新战略和全媒介整合战略。⑥ 陈伟军认为,媒介融合打破了新旧媒体间的围墙,新闻出版、视频、网站、手机等融为一体,从而促使资源在更大的范围内合理配置。面对转型,新闻出版界要在发展理念、体制创新、平台建构、流程再造、管理手段和人才培养等方面进行探索和实践。⑦ 代玉梅提出,媒介融合条件下,出版业应实施集团化经

---

① 欧阳志荣:《媒介融合时代的传统出版业:焦虑与应对》,《出版科学》2011年第7期。
② 杨玲:《论媒介融合下出版竞争环境的变革与出版企业动态能力的建构》,《出版发行研究》2013年第2期。
③ 潘涵等:《媒介融合背景下图书文化产业链的形成探析》,《新闻世界》2012年第10期。
④ 陶丹:《媒介融合时代,出版企业需产业升级》,《出版参考》2011年第2期。
⑤ 周山丹:《媒介融合时代图书出版业的发展策略》,《编辑之友》2010年第2期。
⑥ 巢乃鹏、袁光峰:《媒介融合时代中国出版业的战略选择》,《出版发行研究》2012年第2期。
⑦ 陈伟军:《媒介融合视野中的新闻出版强国建设》,《中国出版》2010年第11期。

营,实施数字出版转型,提供定制化服务。[①]

也有学者提出了新的概念和研究角度,如:

关于出版媒介融合的概念与表现方式。一些学者提出了出版媒介融合的概念。魏悦认为,对于出版业而言,媒介融合就是出版企业充分利用自身的信息资源和市场资源,开发平面媒介(图书、报纸、杂志)、多媒介(电视、广播、电影、音像制品、电子出版物)和立体媒介(网络)市场,实现资源的优化组合。[②] 郭慧认为,出版媒介融合有三个层次的含义:一是出版物内容资源融合,二是各种出版机构和组织融合,三是与出版业相关的产业之间的融合,即"大媒体"的融合。[③] 李红祥认为,出版业的媒介融合包括内容生产融合、阅读终端融合、传输网络融合。

关于媒介融合趋势下的阅读转型。陈伟军认为,媒介融合改写了印刷与阅读的传统关系模式,现代出版和文明正在发生深刻的转变。阅读转换为信息接收、屏幕读取、文本消费,阅读的对象则主要是文化产业提供的各种商品,更加个体化的接收模式、消费方式被推广。[④]

关于媒介融合趋势下的文化转型与数字出版。施勇勤研究了媒介融合带来的产业转型和文化变迁,认为数字出版和新媒体环境下形成新的文化逻辑,数字出版业态下的文化和规制具有矛盾性。"制衡"应是数字出版产业健康发展的支点。[⑤]

通过上述梳理可见,目前,国内出版学界主要分析了媒介融合趋势对出版业的冲击和影响,并从多个层面提出了应对之策。在这些研究中,多篇借助产业经济学中的价值链理论、产业链理论、产业组织理论进行分

---

① 代玉梅:《媒介融合视阈下出版业的变革与发展》,《编辑之友》2011年第9期。
② 魏悦:《浅谈图书出版媒介融合现象》,《长沙铁道学院学报》(社会科学版)2009年第9期。
③ 郭慧:《内容价值增值视阈下的出版媒介融合研究》,武汉理工大学研究生学位论文(硕士),2008年。
④ 陈伟军:《媒介融合语境中的阅读文化转型》,《国际新闻界》2012年第4期。
⑤ 施勇勤:《数字出版:文化逻辑与产业规制——以媒介融合为视角》,《出版科学》2012年第3期。

析,也有学者尝试从其他经济学分支中寻找理论与策略依据,多是基于经济学考量的,即寻求媒介融合趋势下出版业经济利益的最大化。少数学者关注到阅读与文化的转型问题。应该说,国内出版学界对于媒介融合趋势的关注是及时的,确立了主要的研究方向和研究方法。但笔者认为,国内关于媒介融合与出版的研究存在如下问题:(1)研究不系统不深入,学理性有待加强。至今还没有较系统的梳理媒介融合趋势与出版发展的成果,而报业、广播电视业转型等均已有系统研究成果。所谓不深入,目前还未见关于媒介融合语境下出版研究根本问题的探讨,如出版的本质和规律。目前研究理论视角的单调与缺乏也造成其学理性不够。(2)研究视野与诉求较为狭隘。总的来说,目前研究都是基于经济学的思考,即寻求出版业的利益最大化,尤其是寻求我国图书出版业未来发展的利益最大化,这是有局限的。媒介融合是由技术进步推动的,如其有利于人类文化发展与社会进化,即使造成传统出版业萎缩,也是符合历史发展规律的,从这个意义来说,应更为关注社会整体利益。此外,媒介融合与文化传播的研究视角也是缺乏的,但出版与文化传播有非常密切的关系。(3)研究内容上,目前还缺乏全面梳理媒介融合趋势下出版业历史变迁进程与规律的研究。(4)研究方法上也是不丰富的。缺乏实证的、具体细致的对于出版市场、出版产品与出版受众的分析与梳理;理论分析工具较少,跨学科与人文探讨少。

第三节 研究方案设计与研究意义

一、相关概念界定

1.媒介融合

媒介融合是当代传媒业发展的重要趋势,既表现在信息传播媒介的数字化上,也表现在传媒产业组织和传媒相关产业的整合发展上。在传播媒介层面,媒介融合表现为新兴的数字媒介集各类传统传播媒介的传播功能于一体;在传媒产业组织层面,媒介融合表现为传媒产业组织间并购重组为大型的传媒企业或传媒企业集团;在传媒产业层面,媒介融合表现为传媒产业与信息产业等相关产业互相渗透,形成跨产业的新生融合市场,即媒介融合是当代数字化网络媒介对各种传播功能的集成、传媒相关产业组织的集团化、传媒与相关产业的交叉与渗透等融合趋势的总称。

2.出版

"出版"一词源于古拉丁语 publicare,本义为"公之于众"。对于现代意义上的出版概念定义较多。在国际上,具有代表性的是联合国教科文组织1952年讨论通过,1971年修订出版的《世界版权公约》第6条:出版是可供阅读或者通过视觉可以感知的作品,以有形的形式加以复制,并把复制品向公众传播的行为。在我国,2001年国务院公布的《出版管理条例》中,出版被确定为包括了出版物的编辑、复制(印刷)和发行等方面工作在内的活动过程。但上述定义受到传统出版技术、流程及产品特征的影响与限制,结合传统出版与新兴的数字出版的特征,本研究认为,出版是对人类精神文化内容的发掘与传播,具体而言是对承载了人类精神文化内容的作品的采集、编辑加工和传播。

3.变迁与转型

在当代社会科学领域,变迁与转型都具有非常丰富的含义,不同学者对其定义的表述各不相同。"变迁"一词在《现代汉语词典》中的解释为"情况或阶段的变化转移"[1],在社会学和经济学等学科中,"变迁"具有更加丰富的含义和严格的界定。例如,在社会学中,"社会变迁"(social

---

[1] 中国社会科学院语言研究所词典编辑室:《现代汉语词典(第6版)》,商务印书馆2012年版,第80页。

change)是一个专用术语,如费孝通先生主编的《社会学概论》把社会变迁定义为:"社会制度(包括社会的根本制度和各种具体的社会制度)、社会结构、社会组织、人口、人的环境以及道德、法律、哲学、宗教、文学艺术、风俗习惯、时尚等一切社会现象的突发的、急剧的变化,或演进的缓慢的变化。"①我国社会学者郑杭生认为,"社会变迁既泛指一切社会现象的变化,又指社会结构的重大变化;既指社会变化的过程,又指社会变化的结果。"②借鉴社会学中社会变迁的概念,本研究将人类传媒业及出版业的变迁界定为:传媒业或出版业发生的变化,既包括其变化的过程,也包括其变化的相关结果。

"转型"概念从不同研究领域和角度同样具有不同的界定。在一般意义上,转型是指事物在发展过程中,由一种发展模式转变为另一种发展模式,从而实现事物由初级向高级的不断演变。③ 在产业经济学领域里,我国学者吴先锋认为,产业转型是企业应对环境变化的一种彻底的、全面的、剧烈的变革行为,具有战略性、全局性和复杂性。其关键是产业调整以及对资源能力的重新整合;其目的是提高企业的核心竞争力,改善公司的经营绩效;其实质就是企业在突破生命周期限制的主观愿景指导下,变革战略管理范式,实现企业持续成长的最终目标。产业转型的实质是:企业为了适应环境变化,根本或彻底改变经营方向或业务领域,以达到改善经营绩效、获得持续成长的目的。④ 在产业组织研究领域,我国学者芮明杰等认为企业战略转型是企业为应对发展环境变化在业务领域、组织结构以及经营模式等方面的变革。⑤ 在本研究中,转型主要是针对出版业而言的,企业是产业市场的主体,因此具体而言,出版业的转型实际上主

---

① 费孝通:《社会学概论》,天津人民出版社 1984 年版,第 248 页。
② 郑杭生:《社会学概论新修(第三版)》,中国人民大学出版社 2003 年版,第 321 页。
③ 唐健雄:《企业战略转型能力研究》,湖南人民出版社 2010 年版,第 16 页。
④ 吴先锋、冯悦旋:《通信经济研究》,北京邮电大学出版社 2009 年版,第 211 页。
⑤ 唐健雄:《企业战略转型能力研究》,湖南人民出版社 2010 年版,第 17 页

要表现为出版企业的转型。结合上述概念,本研究将出版企业的转型界定为:出版企业为适应环境的变化,变革组织结构、业务领域或经营模式,以达到改善经营绩效、实现持续成长的目的。出版业是传媒业的一个重要子门类,出版传播媒介也是出版业的核心要素,出版业的转型也包括出版传播媒介的转型,对于当代出版业而言,出版媒介的转型具有特殊性,主要是出版媒介从传统的印刷媒介转型为网络等数字化媒介。

值得注意的是,本研究同时使用"变迁"和"转型"两个概念,主要原因在于,变迁侧重于指称客观发生的变化情况,而转型则主要是企业等社会主体主动采取的变革行动。因此,本研究讨论媒介融合趋势下的出版变迁与转型,主要是通过分析媒介融合趋势下传媒业和出版业所发生的技术、产业等方面的变化,总结其趋势和规律,进而研究出版业如何顺应媒介融合趋势实现转型发展。

二、研究目标与研究内容

本论题研究的总体目标在于,考察媒介融合进程及其对出版传播的影响,寻找决定出版必须转型的理论与现实依据;在媒介融合语境下,思考出版的本质;梳理媒介融合中出版业变迁的路径、规律性与趋势;最后基于对出版变迁的规律与趋势的认识,提出媒介融合趋势下我国出版业转型的合理方向与路径。

研究的具体内容包括以下几个方面。

第一,对前期媒介融合的研究进行梳理,分析媒介融合概念的沿革与内涵,了解媒介融合的层次与特点,获得媒介融合对传媒业影响的总体认识。

第二,考察媒介融合对出版业的影响。分析融合媒介的发展状况及其传播特性。分析新媒介对传统出版传播业已构成的威胁,用比较的方式加以梳理,主要包括以下角度:(1)新媒介的传播效率;(2)新媒介的传播内容;(3)受众在媒介融合条件下内容与信息获取方式的变迁;客观阐述媒介融合对出版影响的意义。

第三,对媒介融合进程中出版业变迁的历史进行梳理。分析国际出版业在媒介融合中的发展历程,分析国内出版业在媒介融合中的发展历程,以此认识媒介融合中出版变迁的趋势与规律。

第四,对媒介融合语境下出版本质作出新阐释,思考媒介融合趋势下出版传播的定位。客观探讨新媒介条件下出版存在的合理性,分析其生存空间。

第五,探讨媒介融合趋势下出版业转型发展的方向、路径与策略。从政府、行业、企业等多个层面加以探讨。

三、研究方法

(1)文献研究。认真阅读与梳理媒介融合相关研究、媒介融合与出版发展的相关研究的论著与论文,并进行综合分析与梳理,发现当前研究的主要结论及需要进一步解决的问题,确立研究的起点。

(2)实证调研与个案考察。对于媒介融合趋势下传统出版业原有内容传播领域,在条件允许的情况下,开展材料收集与分析,对典型个案进行充分深入的探讨。例如,对于具体内容领域,辞典、百科全书的数字化传播,可收集相关材料并予以分析;对于行业,可选取企业个案深入分析;对于受众行为,可采用其他统计源进行分析。

(3)历史演进分析。对于媒介融合进程中出版业变迁的历程,本论题拟给予较为详细的梳理,以探求其中的发展规律。具体结合西方及我国出版业分析其技术、产业组织等方面的变迁与转型。

(4)理论工具。除传播学及媒介融合相关理论,本论题将尝试采用其他相关学科视角分析相关问题,对于媒介融合进程中出版业的变迁和集团化趋势,结合产业经济学及产业组织理论的相关内容加以分析。

四、研究的创新性与意义

本研究将对当代媒介融合趋势下出版业发展问题展开全面深入的研究,国内同类研究较系统的成果尚为空白,因此本研究具有一定创新性,且能够丰富国内媒介融合与传媒业发展的研究。具体而言,本论题创新点主要有:

理论创新。(1)考察媒介融合趋势下的出版传播,需要重新审视与考察一些出版学的根本问题,如出版的本质是什么、出版的价值何在,本论题将就这些问题提出独立而深入的思考。(2)在考察媒介融合对出版的影响时,本论题从深入考察数字媒介传播效率、传播内容生产的新特点与受众信息消费行为变化等角度入手,这是当前研究未深入探讨的。(3)考察媒介融合中的出版变迁时,本论题结合中外出版历史变迁进程,从技术变迁、市场变迁、组织变迁等角度深入分析其规律与趋势,这是提出媒介融合条件下出版转型对策的重要逻辑依据,是本研究重要理论创新点。

方法创新。本研究方法创新主要是寻求新的理论工具来分析媒介融合条件下出版变迁的表现与规律。在分析媒介融合对出版传播的影响时,尝试使用产业组织理论及经济学相关理论思想展开探讨。在分析媒介融合中的出版变迁时,本研究尝试通过对有代表性的典型个案深入分析的方式探析媒介融合条件下出版变迁的规律。

总体而言,本论题尝试给予媒介融合语境下的一些出版学重要问题以新的阐释,全面深入地分析媒介融合条件下的传播媒介、传播内容和受众行为变化,同时尝试细致梳理媒介融合中出版变迁的规律,研究如果得出深刻结论,将具有重要的理论意义,是对出版研究的丰富,能够推动出版学相关理论的创新。

另一方面,分析媒介融合对出版业的深刻影响,寻求出版在媒介融合时代的生存空间,寻找媒介融合时代出版转型的方向与路径,这是当前出版业发展迫切需要思考与解决的重大现实问题。本论题经深入探讨,如得出有价值的结论,将对推动媒介融合条件下出版业转型具有重要实践借鉴价值与意义,而这也是笔者的希望与责任,愿能为出版业走向光明未来建言献策。

五、研究难点和可行性

本论题的主要难点与研究难度体现在下述方面。首先,本论题对媒介融合条件下出版本质的新的审视,是带有根本性的理论探讨的,但这一问题欲得出好的研究结论难度非常大,涉及很多有关联的出版学的根本问题,如出版的社会功能。其次,对媒介融合与出版业发展关系的一些基本判断与相关命题,现有研究大致已提及,如现有研究基本都认为,媒介融合将给传统出版业带来威胁。但是,威胁的具体表现与程度,目前还没有非常实证的研究,这也是非常难以开展的。最后,对媒介融合进程中出版变迁的梳理,也是非常具有挑战性的。

本研究工作进程安排如下:第一,文献收集与梳理。广泛收集国内外媒介融合研究、新媒介研究、新媒介与社会、新媒介与文化、媒介融合与出版、新媒体与出版、网络与出版、数字出版等方面的研究文献并加以梳理。第二,实证调研与个案考察。尽量创造条件开展实证研究,如目前互联网上内容传播的现状、受众信息获取条件与行为等,尽量收集第一手数据与材料并加以分析。产业发展史方面,尽量到企业、行业与管理部门第一线获取资料。第三,理论工具的使用与理论分析的开展。熟悉跨学科的相关理论工具并用来分析本论题的相关问题,涉及媒介生态学、产业经济学、产业组织理论等。第四,全面整理前期研究,形成研究结论,撰写研究论文。

开展本研究的可行性有如下方面的条件及保障。首先,关于媒介融合,以及媒介融合趋势下传媒业发展的研究,无论是国内还是国外,均已有较丰富的研究成果,有非常丰富的研究资料与案例可供参考,为本论题研究的开展奠定了非常好的成果与文献基础。其次,目前,从国际出版业来看,美国等发达国家的出版业应对媒介融合已有一些较为成功的现实案例可供分析,国内出版业近年来推动数字出版及产业转型,无论是成功还是失败的行业实践,都为本论题提供了丰富的实证研究材料。最后,笔者本人有计算机及网络专业背景,长期关注数字技术及新媒介发展,对于数字化对出版业的影响有着长期的思考与关注,已有一些前期成果。笔者也多次深入行业进行考察与调研,具有良好地开展本研究的自身理论积累与实践调研基础。

第 1 章
媒介融合的内涵

第一节 媒介融合概念的源起与各方界定

一、媒介融合概念的引入与传媒数字化密切相关

20世纪70年代后期,在美国等西方发达国家,基于数字化信息处理原理的计算机与网络技术开始展现广阔的应用前景,逐渐显现出向普通商业及家用领域普及的趋势。1978年,美国麻省理工学院(MIT)的尼古拉斯·尼葛洛庞蒂(Nicholas Negroponte)在一次演讲中出示了一张示意图,在图中三个圆圈分别代表"广播和电视业""印刷和出版业""电脑业",尼葛洛庞蒂指出,随着数字技术与电脑业的发展,在二十年左右的时间内,这三大产业领域将逐渐趋于重叠,而这三个圆圈重叠在一起的部分,即三大产业领域整合后的新的产业

领域,将是"最有钱,也最有希望"的发展领域,如图1.1所示。①

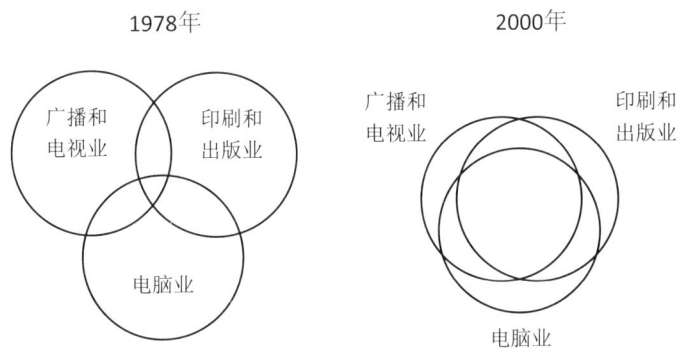

图 1.1　尼葛洛庞蒂关于相关产业重叠的示意图

我们并不能视尼葛洛庞蒂为预言家,他对于这种融合现象的推断是基于他对于数字技术及其深远影响的深刻理解的。而尼葛洛庞蒂也并未使用"融合"(convergence)一词来描述他所构想的这种趋势。1983 年,美国麻省理工学院学者 I.浦尔在其著作《自由的科技》(*The Technologies of Freedom*)中提出,"数码电子科技的发展是导致历来泾渭分明的传播形态融合(the convergence of modes)的原因。其本意是指各种媒介呈现出多功能一体化的趋势。"他明确地使用了"融合"(convergence)一词来描述数字技术条件下媒介"多功能一体化"这种趋势与现象,即由融合产生的新传播媒介有集旧有媒介功能之大成的趋向,融合的结果是新媒介的功能越来越强大,使用越来越方便。对这一趋势他进一步描述为"一种物理形态的网络将能够承载所有类型的媒介服务,而一种媒介服务也可以发布于任何物理形态的网络。"②应该说,浦尔对于传播媒介领域"融合"(convergence)概念的引入和普遍使用功不可没。

显然,尼葛洛庞蒂提出的是媒介相关产业间的融合趋势,而浦尔讨论

---

① 闵大洪:《数字传媒概要》,复旦大学出版社 2003 年版,第 9 页。
② 宋昭勋:《新闻传播学中 Convergence 一词溯源及内涵》,《现代传播》2006 年第 1 期。

的显然是传播媒介作为信息和内容载体在传播功能上的融合趋势,所指有所不同。但值得注意的是,尼葛洛庞蒂和浦尔所言的媒介相关产业或媒介本身的融合,都以数字技术在传媒领域中的应用为基础。1995 年,互联网尚未普及,尼葛洛庞蒂就出版了著名的《数字化生存》(*Being Digital*)一书,再次提醒人们关注数字技术对人类社会的深刻影响,他将数字技术影响社会各领域的进程称为"数字化",并提出了"数字化将决定我们的生存"的著名论断。数字化是指信息(计算机)领域的数字技术向人类生活各个领域全面推进的过程,包括通信领域、大众传播领域内的传播技术手段以数字制式全面替代传统模拟制式的转变过程。① 事实表明,随着数字技术的不断发展,尤其是互联网普及后,各类传统大众传媒的数字化步伐日益加快,使人类社会传媒领域发生巨大变革,这主要体现在两个方面:其一是不断涌现各种新的媒介和传播形态,如网络传播和网络媒体的出现,对传统媒体造成很大冲击。其二即是各种媒介形态的相互融合与渗透。

在传播媒介层面,网络等新型数字化媒介在传播功能上的融合是由数字技术的基本特性决定的,在数字条件下,文字、图片、音频、视频等所有的形式的信息在数字传播系统中,都以二进制数"0""1"编码后加以处理和表达,这使得信息可以完全不失真地进行传播和再现,同时,更重要的是,使得数字系统可以传播多媒体信息。所谓多媒体,也可称为复合媒体,通常被定义为将两个或更多种的传播形式集合为一个整体的媒体,②从而使得网络等数字传播媒介可以传播迄今所有类型的内容,包括文本、图片、音频、视频和动画等,可视为将电视、广播的"视、听"与电话的"交互"功能整合到一起,升级为功能更强大的几乎可以进行任意的视、听、说

---

① 闵大洪:《数字传媒概要》,复旦大学出版社 2003 年版,第 1 期。
② 〔美〕罗杰·菲德勒:《媒介形态变化——认识新媒介》,明安香译,华夏出版社 2000 年版,第 22 页。

及其他传播功能的超级传播系统,①集以往所有大众传播媒介的功能于一体,成为"多功能一体化"的融合媒体。可以说,数字技术条件下媒介的融合,是对传统大众媒介众家之长的兼收并蓄和传播观念、传播技术的突破,并在此基础上生成综合性的、功能得到提高的、更加完善的新媒介。除互联网以外,当今的智能手机、平板电脑乃至数字电视等数字化新媒介均体现了传播介质功能上融合的趋势。

在传媒相关产业层间,数字技术促进了功能融合的新型数字媒介及新的数字化传播模式的产生,也使信息、媒介和通信等相关产业趋向融合,相互之间的关系越来越紧密。传统的传播技术条件下,出版、广播、影视等不同的传播领域,在内容形式、载体、技术基础等方面都有着很大的差别,在产业层面也属于不同的行业,各自发展。然而,在数字条件下,这种局面发生了很大变化。20世纪90年代,数字技术的发展与应用使得所有传播领域都逐渐数字化。技术基础的趋同使得以往各行其道的书报刊、广播、影视甚至电信等领域逐渐走到一起,相互之间的边界越来越模糊,产生了相互渗透和融合的现象。在产业层面,这些领域也突破了产业分工的限制,使不同的部门得以寻求交叉产品、交叉平台以及收益共享,从而导致传播资源在更大范围内得以合理配置,也给经营活动带来了新的巨大的商机,从而出现了传播相关产业的融合。可以说,尼葛洛庞蒂1978年的"预言"进入21世纪后得到了印证:当前,数字技术推动下的媒介产业的融合已经成为一种大趋势,发展越来越密切的新闻出版、广播影视、电子通信和计算机业等相关产业在世界很多国家已被归类为统一的产业集群,即"信息产业""内容产业"或"创意产业"等。

---

① 邵培仁:《论人类传播史上的五次革命》,《中国广播电视学刊》1996年第7期。

二、媒介融合研究与其概念阐释的多样化

自 I.浦尔引入了"融合"(convergence)一词后,在信息科技发达的美国,"融合"被越来越频繁地使用,但多用于信息科技产业或与其相关的场合,美国信息科技界甚至专门出现了"数字融合"(digital convergence)这一术语,专指数字技术条件下各种与数字产品、数字产业相关的融合现象。1994 年,美国《纽约时报》在报道美国在线(AOL)与圣荷赛水星报共同推出名为《水星中心新闻》的电子报纸时,新闻标题中使用了"媒介融合"(media convergence)一词。此后,媒介融合问题逐渐受到传媒业界和研究界的关注和重视。2001 年 1 月,美国在线与美国时代华纳(Time Warner)传媒集团正式获准合并,成为轰动一时的媒介融合的典范。此后媒介融合逐渐成为了美国新闻传播研究领域的一个热点,但媒介融合涉及具体的传播介质、传媒产品、传媒业务乃至传媒产业等多层面因素,具有相当复杂性,因此美国乃至西方学界对于媒介融合现象的研究视角也非常多样化。正如我国较早关注和研究媒介融合的学者蔡雯所指出的,"西方学者在这一领域的研究呈现出多样化的视角,有从技术融合角度展开的研究、从媒介所有权融合角度展开的研究、从媒介文化融合角度展开的研究、从媒介组织结构融合角度展开的研究、从新闻采编技能融合角度展开的研究,等等。这些研究可以说铺展到了与媒介相关的所有方面,包括媒介的外部环境和内部机制,涉及到媒介经营与新闻传播的各个角落。"[①]研究视角的多样化带来的对媒介融合这一概念的界定和阐释也非常之多。

在西方,有一些对于媒介融合概念的界定具有代表性和影响力的学

---

① 蔡雯:《从"超级记者"到"超级团队"——西方媒体"融合新闻"的实践和理论》,《中国记者》2007 第 1 期。

者。美国学者安德鲁·纳齐森（Andrew Nachison）2001年将媒介融合定义为"印刷的、音频的、视频的、互动性数字媒体组织之间的战略的、操作的、文化的联盟"。2003年，美国学者里奇·高登（Rich Gordon）提出媒介融合包含五种类型：所有权融合、策略性融合、结构性融合、信息采集融合和新闻表达融合。美国学者约翰·帕夫利克认为媒介融合"是指所有的媒介都向电子化和数字化这一种形式靠拢，这个趋势是由计算机技术驱动的，并在网络技术的推动下变得可能。融合的出现是对现有媒体秩序一个意义深远的挑战，它为多媒体产品的发展铺就了发展道路。"[1]美国学者章于炎、乔治·肯尼迪、弗里兹·克罗普从传媒经济学的角度将媒介融合界定为大众传播业的"一个渐进的发展过程，它整合或利用处于单一所有权或混合所有权之下的报社、广播等电子媒体，以增加新闻和信息平台的数量，并使稀缺的媒体资源得到最优配置。在规模经济和范围经济的作用下，这些融合的媒介形式以及被重新包装的媒介内容，将提供给受众更大的信息量，从而实现领先竞争对手、获得盈利、提供优质新闻的目的，并最终在数字时代的媒体竞争中保持优势地位。"[2]

2005年，我国学者蔡雯将美国媒介融合研究介绍到国内并受到学界普遍关注，此后我国学者也从各自不同的角度对媒介融合概念加以界定。蔡雯认为，"媒介融合是指在以数字技术、网络技术和电子通讯技术为核心的科学技术的推动下，组成大媒体业的各产业组织在经济利益和社会需求的驱动下通过合作、并购和整合等手段，实现不同媒介形态的内容融合、传播渠道融合和媒介终端融合的过程。"高钢认为，媒介融合的本质在于"现代信息技术推进的信息传播的技术手段、功能结构和形态模式的界

---

[1] 〔美〕约翰·帕夫利克：《新媒体技术——文化和商业前景》，周勇等译，清华大学出版社2005年版，第126页。
[2] 〔美〕章于炎、乔治·肯尼迪、弗里兹·克罗普：《媒介融合：从优质新闻业务、规模经济到竞争优势的发展轨迹》，《中国传媒报告》2006年第3期。

限改变及能量交换"。① 喻国明、戴元初从电视业角度认为媒介融合"是指基于数字化技术的不同媒介之间的资源共享,是电视媒体获得市场竞争力的一种有效策略"。② 这些学者对媒介融合概念的理解与阐释角度不尽相同,但基本认为,媒介融合是基于数字技术推动而发生的。也有学者认为,数字技术的影响并不是必然要素。匡文波、王丹黎提出,"媒介融合"有两种主要形式,一是媒体之间的整合与并购,力图在传媒业中以规模出效益;二是不同媒体之间的交融与互动,主要指在不同媒体之间传播方式和内容的相互借用,以促进共同发展。③ 显然这种理解主要是从产业及产业组织角度出发的,并未强调数字技术推动的新媒介的作用。也有学者在界定媒介融合时既考虑到数字技术因素也考虑到其他因素,如丁柏铨认为,媒介融合是由新媒体及其他相关因素所促成的媒介间在诸多方面的相交融的状态。④

由此可见,无论在西方,还是在我国,对于媒介融合都有着多样化的研究视角,和基于不同视角的概念界定,迄今媒介融合的概念界定也难以统一。对此,挪威学者埃斯彭·伊特瑞伯格(Espen Ytreberg)指出:"媒介融合是迄今为止最难把握的概念之一"⑤。甚至早在1995年就有学者指出"媒介融合是一个危险的词语",因为它有太多不同层面的意义。⑥

结合当代世界传媒产业发展的趋势,及学术界对媒介融合概念的各种不同探讨,本研究认为,媒介融合是当代传媒业发展的重要趋势,既表现在信息传播媒介的数字化上,也表现在传媒产业组织的整合和传媒产

---

① 高钢:《媒体融合:追求信息传播理想境界的过程》,《国际新闻界》2007年第3期。
② 喻国明、戴元初:《媒介融合情境下的竞争之道——对美国电视的新竞争策略的观察分析》,《新闻与写作》2008年第2期。
③ 匡文波、王丹黎:《新媒介融合:从零和走向共赢》,《广告大观》2007年第8期。
④ 丁柏铨:《媒介融合:概念、动因及利弊》,《南京社会科学》2011年第11期。
⑤ Espen Ytreberg:Convergence:Essentially confused?,*New Media Society*,2011(13):502.
⑥ Julia Knight, Alexis Weedon:"Editorial : Shifting Notions of Convergence",*Convergence* ,2009(15):131.

业与相关产业的交叉上。在传媒媒介层面,媒介融合表现为新兴的数字媒介集各类传统传播媒介的传播功能于一体,在传媒产业组织层面,媒介融合表现为传媒产业组织间并购重组为大型的传媒企业或传媒企业集团。在传媒产业层面,媒介融合表现为传媒产业与信息产业等相关产业间互相渗透,形成跨产业的新生融合市场。即媒介融合是当代数字化网络媒介对于各种传播功能的集成、传媒相关产业组织的集团化、传媒与相关产业间的交叉与渗透等融合趋势的总称。

第二节 媒介融合的核心内容

一、媒介融合具有历时性与过程性

当前研究中,人们所言"媒介融合"涉及范围极为广泛,几乎涵盖"一切媒介及其有关要素的结合、汇聚甚至融合,不仅包括媒介形态的融合,还包括媒介功能、传播手段、所有权、组织结构等要素的融合。"[1]似乎传媒生产过程中一切因素的整合都可以称之为媒介融合,这显然不利于进一步分析和探讨媒介融合的规律和对传媒业的深刻影响。有学者认为,对于媒介融合概念认识的不统一是由于当前媒介融合研究尚处于初级阶段。我国学者高钢、陈绚曾指出,"尽管网络传播的融合已在迅速地和我们接近,但我们认为'媒介融合'理论还没有成形,因为对'媒介融合'还没有适当的概括,更没有建立有说服力的模式。"[2]媒介融合的含义尚不明晰,有关媒介融合的实践仍处于探索之中,也就是说,当前有关媒介融合的理念和实践都未成熟。所以,当前研究者们有关媒介融合的各种论

---

[1] 陈浩文:《再论媒介融合(Media Convergence)》,http://www.zijin.net/news/journalism1/2008-1-11/n08111430612H23IE6CDEG1.shtml.
[2] 高钢、陈绚:《关于媒体融合的几点思索》,《国际新闻界》2006年第9期。

断的全面性、逻辑性和系统性还不够强,缺乏必要的来自实践的支撑和检验,无法揭示未来传媒发展的本质和规律。① 2006 年,美国学者布莱恩·布鲁克斯在中国人民大学演讲时甚至提出,媒体融合这个概念在当时来看"仍然是一个假设"。②

媒介融合概念即使是假设,也并非说明其是伪概念,在学术研究中,合理的假设往往是重要而有用的论证起点。媒介融合概念用来描述和显示当前传播媒介某些方面的聚合现象和趋势,还是非常有价值的。笔者认为,媒介融合概念之所以难以界定与把握,一个很重要的原因是,媒介融合所描述的媒介现象实际上总是处于动态变化之中,即媒介融合概念具有历时性和过程性,一方面媒介融合与人类社会发展的历史时间进程有关,在不同历史时代具有不同的表现,例如,对于传播介质层面的媒介功能的融合而言,数字技术驱动下媒介的数字化进程主要发生在人类社会发展到 20 世纪末 21 世纪初这段时间,在不同的历史发展阶段,人们观察到的媒介融合的表现是不同的。这主要是由于,不同时期的媒介融合现象,其形成原因往往是复杂及多方面的。美国学者罗杰·菲德勒在《媒介形态变化》一书中指出,"传播媒介的形态变化,通常是由可感知的需要、竞争和政治压力,以及社会和技术革新的复杂相互作用所引起的。"③ 英国学者西蒙·穆雷(Simone Murray)认为,20 世纪 90 年代,媒介融合经历了三次浪潮。第一次浪潮是通过对主流媒体的直接收购与大规模兼并实现的跨媒体所有权的集团化,这一浪潮并没有在政治经济方面造成根本性挑战。第二次浪潮是关于媒介的数字化改造,这从根本上挑战了传媒业,受到了传统政治经济学的青睐,同时也对文化研究产生了影响。第三次浪潮是"内容流(content streaming)"。他指出,"在传媒业中用'内容

---

① 赵星耀:《认知媒介融合的既有理念和实践》,《国际新闻界》2011 年第 3 期。
② 同上。
③ 〔美〕罗杰·菲德勒:《媒介形态变化——认识新媒介》,明安香译,华夏出版社 2000 年版,第 19 页。

流'来描述一个平台向另一个平台的内容迁移,即通过互联网实现音频或视频内容的传递"。① 而他所言的第二次和第三次浪潮显然都与数字技术对传媒的影响有关。另一方面,媒介融合具有过程性,即一个历史阶段具有某一突出特征的媒介融合趋势的发展也要经历一个周期性的过程,即某方面因素引起媒介融合的产生,并逐渐在传媒业中蔓延发展,打破原有传媒业的相对平衡的稳态局面,使传媒业发生较大的结构性调整,随后传媒业再次逐渐进入新的相对稳定的平衡状态,在这个过程中,在外部动因的影响下,媒介融合过程会涉及媒介运作的方方面面,如传播介质、传媒业务、传媒组织等。目前我国学者对于媒介融合具有动态的过程性已逐渐有了共识。我国学者蔡雯即界定媒介融合为"过程"。我国学者许颖认为,媒介融合是分层次、分阶段进行的过程,第一层次是媒介互动,即媒体战术性融合;第二层次是媒介整合,即媒体组织结构性融合;第三层次是媒介大融合,即不同媒介形态集中到一个多媒体数字平台上。② 我国学者徐沁认为,媒介融合的演进是递进式、立体式的,媒介融合包括媒介形态、媒介功能、传播手段、资本所有权、组织结构等要素的融合,它既指各种融合的结果,也涵盖各方融合的过程。③

二、媒介融合的核心内容

如此观察,在媒介融合具有明显历时性和过程性特征的情况下,欲给予媒介融合一个静态的定义非常困难,且很可能会具有一定片面性。"媒介融合不会是一个有着清晰外延和内涵的定态目标,它是人类追求信息传播理想境界的动态过程"。④ 但这并非说明,媒介融合一定无法把握。

---

① Simone Murray: "Media Convergence's Third Wave : Content Streaming". *Convergence*, 2003(9):9.
② 许颖:《互动·整合·大融合——媒体融合的三个层次》,《国际新闻界》2006年第7期。
③ 徐沁:《泛时代的生存法则——论媒介融合》,浙江大学博士学位论文,2008年,第12页。
④ 高钢:《媒介融合:追求信息传播理想境界的过程》,《国际新闻界》2007年第3期。

笔者认为,欲总体把握和界定媒介融合可能过于宽泛,且不利于具体问题的讨论。但对于特定历史时间段中的媒介融合趋势与现象,其主要特征和内容相对易于把握。笔者认为,在现阶段(自20世纪90年代至今),媒介融合的主要特征和背景即是数字化,其主要内容则是数字技术驱动下传媒业的融合变迁过程。这也是目前大多数学者界定媒介融合时,将媒介融合与数字技术的发展及对传媒业的推动相关联的原因。因此,对于国内学者现阶段对媒介融合的界定,笔者比较认同蔡雯教授的定义。有学者甚至认为,媒介融合概念的"所有外延必须以数字技术作为基础,否则会导致概念的无限扩大。那些将媒介所有权合并、媒介组织结构融合或者媒介战略合作都视为媒介融合显然只是看到了表象,把媒介融合之衍生品作为主要内涵加以阐释了,甚至把传媒集团化也解释为媒介融合的一部分,这更是新瓶装了旧酒,也是对媒介融合的误读。"①笔者并不认同此种观点,脱离了历史时代坐标,将媒介融合与数字技术推动的联系绝对化和固定化并不合理,因政治、经济等动因而导致的传媒相关要素的融合没有理由不能称之为媒介融合。正如学者高钢所言,"随着媒体技术的突破,人类的信息传播是一个不断完善、不断创新、不断优化的动态过程。只要人类的信息需求在变化,只要信息传播技术在发展,媒介融合就不可能终结。"②由此进一步而言,就现阶段数字技术推动下的媒介融合进程而言,对传媒业发展影响最大的应主要表现在三个方面,即传播媒介层面的数字化与网络化趋势、传媒组织层面的重组转型趋势、传媒产业层面的资源整合与变迁趋势。这三个方面也应是当前媒介融合的核心内容。

1.传播媒介层面的数字化与网络化趋势

这里指数字技术对传播媒介本身的影响。正如美国学者 I.浦尔所

---

① 黄建友:《论媒介融合的内涵及其演进路径》,《当代传播》2009年第5期。
② 高钢:《媒介融合:追求信息传播理想境界的过程》,《国际新闻界》2007年第3期。

言,应用新技术的新媒介往往能够集多种旧有媒介的功能于一身,而且传播效率更高,还可能对受众更有吸引力。例如,20世纪之前,人类传播经历了语言传播时代、文字传播时代、印刷传播时代,而20世纪后,首先是进入模拟制式下的电子传播时代,广播使得声音得以进入大众传播领域,并提高了传播效率,而电视的应用开创了一个时代,可以说是首个以往多种媒介的功能一体化的传播媒介,电视能同时传递声音、图像、文字、图案等,能够同时作用于人的视觉和听觉器官,相比于以往的平面和广播等媒介,传播效果有了空前的提升,其结果是电视成为20世纪中叶后世界范围内的强势大众媒介。20世纪末21世纪初,互联网渗透和改造了社会生活各领域,对人类社会产生了前所未有的深刻影响。网络迅速成为"第五媒介",互联网不仅能够传递图书、报纸、期刊、广播、电影、电视等传统媒介各种形式的信息内容,而且能够及时互动,普通的个人也能在网络上广为发布各种信息内容,且传播效率更高。可以说,互联网对于传统传媒业产生了巨大冲击。从媒介融合视角来看,在传播的数字化与网络化趋势下,主要应考察网络媒介对传统媒介构成竞争的具体表现,如原需通过传统媒介传播的内容在多大程度上转移到网络上传播,以及网络媒介对传统媒介原有受众的争夺。以出版领域的书刊等媒介为例,媒介融合条件下,以前赖以通过图书传播的文化内容和信息已大量存在于网络空间中,而且通过网络媒介传播,传播效率更高,受众获取信息与内容更为便捷(网络搜索)、成本更为低廉(共享与免费)。其结果是文化传播路径、受众获取文化信息的方式发生根本变化,书刊作为文化传播媒介的功能部分地有了替代者,书刊被边缘化和小众化,书刊消费空间收缩。在这一层面,也应考察经营新媒介的新型传媒组织与传统传媒组织间此消彼长的发展状况。在出版领域,则需考察从事数字出版的新型出版组织与传统出版组织发展的对比情况。

2.传媒组织层面的重组与转型趋势

各类传媒组织是当代传媒业的基本运营单位。传媒组织的转型与变迁是当前媒介融合趋势中所必须关注的内容。具体可从两个方面考察,分别是着眼于传媒组织自身的资源整合和业务模式的转型升级,以及传媒组织与其他传媒相关组织之间跨组织的资源整合。

首先,数字化趋势下传媒组织内部的业务重组与转型。20世纪八九十年代后,基于数字信息处理的计算机技术在社会各领域得到普及和应用,深刻改变了各行各业的工作模式,提升了社会各行业的信息处理效率,对传媒业有着很大影响,主要体现在一定程度上重组了传媒工作流程,提升了传媒工作中各工作环节的效率,对传统的传播媒介本身影响并不明显。网络媒体的巨大传播能量显现后,以往经营各种传统媒介的媒体组织均在逐渐将部分传播内容和业务转移到网络媒介上来。从媒介融合视角来看,实际上媒体组织重新组合内部相关资源和要素,必要时整合一部分外部资源(但不涉及组织间的聚合),以获取网络传播能力,使自身的内容资源得以通过网络媒体发布,从而赢得更多的受众。如一些传统媒体纷纷建立自己的网络平台,构建自身传播内容资源的网络版本等。换言之,这也是传统传媒组织在自身原有工作模式的基础上,秉持其原有的内容生产专业优势的同时,自发地尝试向数字化传播模式转型升级,以提高当前传播环境下的综合传播能力,并争取在数字条件下延续其传统优势。对于出版组织如出版社而言,即是引入数字技术,实现原有的工作流程的数字化再造,以提高工作效率,同时实现内容资源与出版产品的数字化,及传媒媒介的数字化与网络化,即实现数字出版。

其次,传媒相关组织间的资源整合。这里不仅包括传媒组织,也包括与传媒生产活动联系紧密的一些组织。在传统传播技术条件下,经营传统媒介的传媒组织专业化分工非常明确,经营不同媒介的传媒组织各自发展,电视台、报社、出版社等传媒组织间经营活动并无太多交集。而当前在网络媒体冲击下,传媒组织只具有一种传播能力已很难具有竞争优势,存在发展瓶颈。要获得综合的、更强的传播能力,仅靠传媒组织自身转型是不够的,最有效的是多个不同类型或同类型的传媒组织间通过各种方式进行整合,正如美国学者安德鲁·纳齐森(Andrew Nachison)所说的那样结成"战略的、操作的、文化的联盟",以实现综合的、更强的传播能力和更强的传媒市场竞争力。如不同传媒组织间通过兼并、联合、重组等方式形成规模较大的传媒集团,从事多种媒体业务。近年来,这种以传统传媒组织为主要参与者的组织间融合催生出一个个跨行业乃至跨国的大型传媒集团。例如,在美国,美国在线—时代华纳、新闻集团、维亚康姆、沃特·迪士尼、维旺迪环球、贝塔斯曼等六大传媒集团占据着全美50%以上的媒介消费市场份额,其业务涵盖互联网信息服务、新闻出版、文化娱乐等诸多领域,显示出强劲的发展势头。值得注意的是,传媒组织间的融合是媒介融合的典型表现,是最能够引起社会关注的媒介融合现象。媒介组织间的融合并不以数字技术的推动为必要条件,但传播数字化无疑是当前促进媒介组织间融合最主要的动因。数字传播技术的应用使得融合后的传媒组织集团得以对内容资源进行统一开发,并通过电视、电影、报纸、图书等不同的终端媒介形式发送给用户,实现内容的多次售卖,从而取得更好的效益。值得注意的是,在当代以数字化为特征的媒介融合趋势下,参与这种组织融合的已不仅是传媒组织,还包括一些数字产品与技术提供商、服务商等其他领域的生产组织。对于出版组织而言,通过组建出版传媒集团,除继续出版书刊等出版物外,也兼营其他媒体业务,如对于内容资源注重开发衍生文化产品,以获取更好的效益。

在这一层面,媒介融合趋势表现为国内外不少传媒组织近年来所开展的"跨媒体"(cross-media)经营战略的实施——在传媒组织层面的资源整合和经营战略转型,既可包含传媒组织内部的资源整合形式,也可通过传媒组织与其他传媒相关组织资源进行重组,从而实现以优势内容资源为核心,以多种媒介方式发送与售卖内容,使传媒组织的传播能力和竞争力大为提高。此外,近年来我国传媒业界提出的"全媒体"理念,实际上是"跨媒介"的进一步发展,"全媒体"是综合使用图、文、声、像等多种内容形式展示信息,并通过平面、广电、互联网等多种传播媒介全方位、立体化地传播信息的一种新的传媒经营模式。① 无论是"跨媒体"还是"全媒体",均是传媒组织层面当代媒介融合趋势的表现形式。

3.传媒相关产业层面的交叉与融合趋势

当代媒介融合趋势表现在产业层面,即表现为传媒相关产业间的交叉与融合。这里所言"传媒相关产业",除了传媒产业本身,还包括原本看来与传媒业关系不大,但是在数字技术的推动或其他因素推动下,与传媒业联系越来越紧密的产业,典型的如信息产业等。美国学者尼古拉斯·尼葛洛庞蒂1978年所构想的正是传媒相关产业间的融合,既包括原本各自运行、联系并不密切的传媒产业,如广播电视业和出版业,也包括原本与传媒业相距甚远的"电脑业",但数字技术对于社会各行各业包括传媒业的渗透,使这些产业间逐渐发生交叉和融合。数字技术推动下传媒相关产业间的融合也是当代媒介融合趋势的典型表现。在产业经济学中,产业融合(industry convergence)是指原先处于产业分立状态的两个或者两个以上的产业,由于技术、市场、服务和管制等因素的推动,其产业边界逐渐模糊乃至消失,其市场和服务逐渐趋向融合的一种产业现象。② 不同产业间的融合不仅涉及企业等产业组织,还涉及产业链中各环节各要素,如不同产业的市场、产品、服务、资本、管理等诸多方面的融合。在当代媒介融合趋势中,产业层面融合的主要特征体现在,原本基本独立发展的广播业、电影电视业、出版业以信息技术产业为枢纽产生了交叉、渗

---

① 汪曙华:《传媒数字化背景下的媒介融合与全媒体传播》,《东南传播》2011年第4期。
② 傅玉辉:《大媒体产业:从媒介融合到产业融合》,中国广播电视出版社2008年版,第25页。

透和融合,产生了数字化程度越来越深、越来越趋于整体化的内容或信息服务产业。在这一趋势中,值得注意的是各类传媒产业在融合进程中各自的发展命运。传媒相关产业融合成为大的内容产业,并不意味着原有产业的消失,内容产业内部仍然专业化分工和有不同的子产业,但在数字化推动的产业融合进程中,原有的各类传媒产业在内容产业中的产业地位、产业资源、产业发展前景等方面均有显著变化。以传统出版业为例,在传媒相关产业融合的趋势中,传统出版业将成为朝阳产业还是夕阳产业? 其生存发展态势将如何变化? 这无疑非常值得思考与关注。

第三节 媒介融合趋势中传媒业的发展前景

在当代媒介融合趋势中,无论是传播媒介、传媒组织的运营方式、内容生产流程、传媒组织的形态,乃至整个传媒业的格局,都发生着深刻变革。数字技术是推动当代媒介融合和传媒产业变革的决定性因素,在数字传播媒介与数字化传播模式产生后,传媒业各种资源和要素也都在重新整合和配置。如前所述,媒介融合具有历时性和过程性,总体而言,数字化未必是推进媒介融合的唯一因素,但当代媒介融合进程中数字化扮演着核心推动力的角色。传媒业仍将因数字技术的推动及新的数字媒体及传播模式的出现而进一步转型升级,传媒生产资源与要素将在更大范围内进一步整合,媒介融合进程仍将深度发展,而传媒业也正在更大的内容产业领域内同信息产业等相关产业发生融合。这一趋势对于传媒产业的未来发展意义重大。美国学者章于炎指出,媒介之间跨地区融合,以及媒介产业和其他产业跨行业的多元化融合可以使媒介组织结构与工作流程发生巨大的变化,将会大大增强媒介影响力,使媒介经济得到有效增长,媒介集团实现规模经济和范围经济。因而,媒介融合能带来更多的经营利润,提供更优质的内容服务,并能够降低传媒经营成本,为传媒组织带来更大的竞争优势,这种优势进而又能进一步促进媒介融合趋势的深化。①

在当代媒介融合趋势中,广播影视业、图书出版业、报刊业等传媒产业门类及信息技术业的大范围融合将形成新的传媒业形态,有学者将其称为"大传媒业"或"大媒体业"。1995年,凯文·曼尼在其著作《大媒体潮》中提出了"大媒体"的概念。他认为"大媒体"是一种全新的传播概念和传播方式,向人们提供包括通信、影视、音乐、商业、教育等内容覆盖面极广的全方位资讯和娱乐,包括上述资讯和娱乐生产的全部内容、设备和过程。较过去的媒体而言,它容量大,技术要求高,多采用现今最为先进和尖端的传播技术和手段;投入资金大,跨行业多,当然也以更深、更广的方式介入人们的生活。② 而在当时,凯文·曼尼只是提出了"大媒体"的构想,在当代媒介融合趋势中,"大媒体"或"大传媒"已逐渐演变为产业现实。而广播影视、书刊出版等传统传媒业门类以及电信业、IT业均将成为"大媒体"业的构成部分,这些行业间的分工壁垒趋于瓦解,重新构筑新的传媒生态,而对于传统传媒业门类,比如出版业而言,在媒介融合趋势及"大媒体"业形成的过程中,必将面临与新媒体的竞争与合作,如何采取适当的发展战略以适应媒介融合趋势,在"大媒体"业中仍保持一定的核心竞争力和生存空间,则是亟须思考与探索的。在这一视角下,媒介融合也是当今传媒业的一种发展观。

本章小结

媒介融合是当代数字化网络媒介对各种传播功能的集成、传媒相关

---

① 〔美〕章于炎:《媒介融合:从优质新闻业务、规模经济到竞争优势的发展轨迹》,《中国传媒报告》2006年第3期。
② 傅玉辉:《大媒体产业:从媒介融合到产业融合》,中国广播电视出版社2008年版,第1页。

产业组织的集团化、传媒业与相关产业间的交叉与渗透等融合趋势的总称。在媒介融合具有历时性与过程性,其核心内容是传播媒介层面的数字化与网络化,传媒组织层面的重组与转型,传媒相关产业层面的交叉与融合。媒介融合趋势下,广播影视业、图书出版业、报刊业等传媒产业门类及信息技术业的大范围融合将形成新的传媒业形态。

第 2 章
媒介融合中传统出版业面临的挑战与困境

第一节 数字新媒介与印刷媒介的传播特性与效率比较

一、人类传播媒介的演进历程

随着人类文明的不断进化,人类社会传播活动经历了漫长的发展历程,传播媒介的产生与发展表现出明显的阶段性。郭庆光指出,人类传播可划分为口语传播时代、文字传播时代、印刷传播时代、电子传播时代,这一历史进程不是媒介依次取代的过程,而是一个依次叠加的进程。① 各发展阶段的命名主要由这一阶段带来传播变革的新的传播媒介决定,也表明该类媒介于所在阶段中对推动人类传播系统进化及人类

---

① 郭庆光:《传播学教程》(第二版),中国人民大学出版社 2011 年版,第 23 页。

社会文明进步发挥了巨大作用。

具体而言,在人类社会早期的口语传播时代,口语传播是人类社会的主要传播方式,由于人类依靠自身发声器官表达出的语言信息转瞬即逝,且在当时也只能近距离传播,因此信息依靠口语传播受时间和空间限制较大,人类文明成果主要通过人使用语言口口相传、代代相传,传播效率较低下。在口语传播时代,在某种意义上,人本身是当时人类社会主要的传播媒介。公元前3000年左右,人类开始发明和使用文字,作为以符号形式记载信息的工具,文字对人类信息传播和文明发展具有里程碑意义。文字可以精确地记录知识与信息,克服了语言的转瞬即逝性及易变形性,并且可以突破时间和空间的限制,使人类文明成果可以长期保存、跨越地理限制传播到遥远的地区,使人类传播方式产生了质的飞跃,为人类文明的发展奠定了重要基础。但文字记录信息需要载体,传播这些信息需要进行复制,由于早期文字记录材料欠佳,且仅能通过人工手抄复制,文字记载的文明成果传播规模小、范围小、成本高,用文字记录的文献材料仅能被社会特权或精英阶层所使用。

中国东汉时代的蔡伦发明了造纸术,使得文字信息有了适合的载体,促进了纸质文献的规模化使用。宋代出现了雕版印刷术,毕昇发明的胶泥活字印刷术,大大提高了纸质文献材料的复制效率,促进了中国早期出版业的发展与书籍的普及和传播,使中国领先于世界其他地区步入印刷传播时代。但中国早期的印刷业长期属于作坊式的生产方式,印刷出版物的生产水平较低,生产规模有限,间接限制了中国古代出版业的发展。15世纪,德国的古登堡改进了活字印刷术,使用金属活字,并发明了印刷机械,使得一直采用手工作业方式的印刷术发生变革,得以通过机械化生产方式大规模复制书籍等纸质出版物,使得印刷传播时代进入新纪元,促进了近代书籍、报刊等出版物的大规模生产与传播,推动了欧洲出版业进入繁荣和高速发展时期,对近现代欧洲乃至整个人类社会的政治、经济、文学、艺术、科技等各领域的发展都具有重要的促进作用。印刷媒介尤其是纸质图书能够系统完整地记载人类文化与科技成果,并能够跨越历史时代和地理空间传播,至今仍是传承人类文明的重要而不可或缺的传播媒介。纸质印刷媒介当前也仍是世界出版业的首要媒介形式。

19世纪上半叶,在电磁学发展完善的基础上,西方发明了电报技术。电报成为人类首个电子传播媒介,标志着人类开始逐步步入电子传播时代。电报产生后,电子技术在传播媒介领域的应用使电话、广播和电视等电子传播方式陆续诞生。进入20世纪后,广播与电视作为电子化的大众传播媒介逐步普及。相对于使用纸质传播媒介的报纸,广播与电视不仅能够传播声音和动态图像,更重要的是,广播与电视能够实现新闻等信息的实时远程传播,能够将新闻事件的实况广为传播,这是印刷媒介无法实现的,使得人类大众传播效率产生重大飞跃。广播与电视也先后成为人类社会主流的大众传播媒介。

20世纪70年代以来,计算机与网络技术得到快速发展,计算机与网络技术以信息的数字化处理为重要特征,其普及与应用使人类社会生活各领域发生深刻变革,即"数字化革命"。而计算机与网络技术也逐步渗透与改造了人类传播领域,使原有的书籍、报刊、杂志、广播、电视等传播媒介本身的生产流程数字化。尽管这些传播媒介最终呈现信息的形式并未改变,但其信息内容的生产与传输已全面借助计算机与网络技术完成,从而提高了其原有的信息内容生产与传播的效率与质量。不仅如此,20世纪末及本世纪初,互联网飞速发展,其本身逐渐成为新型传播媒介,在互联网中,文字、图形、图像、音频、视频等所有形式的信息内容都能以二进制数"0""1"加以编码表达、处理和传播,使得原本通过书籍、报刊、广播、电视等传统传播媒介传播的内容均可以在互联网中传播,并通过台式电脑、平板电脑、智能手机等多种数字终端呈现出来,这种特性正是传播媒介层面媒介融合的典型体现,而网络也成为一种"融合媒介";而且互联网还具有传统媒介所不具备的传受双方即时互动的新特性,使网络成为迄今人类所创造的传播功能最综合、传播效率最高的传播媒介。信息数字化与网络化传播给人类传播领域带来了根本性变革。

由此可见,信息内容的数字化表达、存储与传输是传统媒介的生产过程数字化及网络成为具有变革性的"融合媒介"的根本原因。如今数字技术已全面渗透到人类社会政治、经济、文化等各领域,也给人类传播带来根本变革,给人类传播开启了一个新时代,而这种变革的深刻程度并不亚于19世纪末20世纪初采用模拟电子技术的广播、电视等电子媒介给人类传播带来的变革,因此,将当代以网络为代表的新媒介传播时代纳入电子时代并不足以反映数字技术给人类传播所带来变革的深刻性,考虑到当代传播变革的根本特征即数字化,将当代数字技术渗透与改造人类传播系统的时代称为"数字传播时代"更能明显地体现人类传播领域的进化。由此笔者建议,将人类传播历史划分为口语传播时代、文字传播时代、印刷传播时代、电子传播时代以及数字传播时代。人类传播媒介系统的演进总的时间历程如表2.1所示。

表2.1　人类传播系统演化的时间表

距今多少年之内	重大事件和发展
100 000~10 000	——表达性语言和传播工具 ——智人(现代人类) ——口头语言和第一次媒介形态变化
10 000~1 000	——大规模农业社区的出现 ——小亚细亚的青铜时代开始 ——书面语言和第二次媒介形态变化 ——古代帝国的出现 ——文献技术的发展 ——手写书籍和图书馆 ——罗马大道和邮寄服务 ——亚洲印刷术和造纸术的发展

续表

距今多少年之内	重大事件和发展
1 000~100	——欧洲造纸术的发展 ——欧洲文艺复兴开始于意大利 ——商业革命 ——手写新闻信和时事书籍 ——欧洲印刷术的发展 ——印刷报纸、杂志和书籍 ——工业革命 ——数字语言和第三次媒介形态变化 ——电力在传播上的应用
100~10	——(洲际)远距离电话 ——无线电广播，无线电传真机 ——广播电视 ——主机计算机 ——电缆电视，第一个越洋电话电缆 ——ARPANET(互联网前身)，电子邮件 ——卫星，光波传播 ——微处理器、个人电脑、盒式录音机 ——数字传真机，光碟 ——数字广播和电视 ——互联网

资料来源：〔美〕罗杰·菲德勒：《媒介形态变化——认识新媒介》，明安香译，华夏出版社2000年版，第46页。

二、传播媒介的传播效率变化规律

传播效率是体现传播媒介传播效能的重要指标。我国学者张晓群认为，从信息需求者角度来看，传播效率可界定为一个信息需求者单位时间内通过传播媒介获得的信息数量。①这一界定可有效用于定量分析，但并未涵盖传播效率这一概念应有的内容。事实上，一种传播媒介的传播效率应是其多方面传播能力综合体现出来的指标，既与传播者发送信息内

---

① 张晓群：《传播效率与经济增长》，社会科学文献出版社2009年版，第51页。

容有关,也与受传者获取信息内容有关;既涉及到其时间效率(时间效率反映单位时间内传播的信息量),也涉及到空间效率(空间效率反映传播的空间广度和远度);同时还与传播的信息内容类型有关,不同的媒介传播的信息类型不同,广播只传播声音信息,而电视既能传播声音也能同步传播图像,可以认为其传播效率更高。但传播效率高低与上面这些因素都呈正相关的关系,越有利于传播者发送信息及受传者接收信息,时空效率越高,传播的信息类型越多,则传播效率越高。传播媒介根本上是人所使用的信息传输工具,因而也可以将传播效率界定为传播媒介满足人们传播需求的效能。

一种传播媒介表现出的传播效率的高低主要取决于传播媒介本身的物理特性和该种媒介在人类社会中被使用的程度和数量。一方面,不同形态的媒介对信息的承载和传播能力是不同的;另一方面,一种传播媒介在人类社会中被采用的程度,即采用该种媒介人群的大小、该种媒介被使用的频度、该种媒介已传播的信息量也是决定其传播效率的重要因素,媒介使用程度越高,信息发送者或需求者就更易于通过媒介达到自己的传播需求。就媒介形态方面而言,随着人类传播媒介的历史演进,总体而言,新媒介的传播效率会高于旧有媒介,如数字传播时代的网络媒介,其传播效率从各方面衡量,均高于各种传统媒介,主要原因就在于网络媒介是一种"融合媒介",不仅集传统传播媒介的传播功能于一身,且具有互动性等新的传播功能。

就使用程度而言,一种媒介自被发明出来到被社会普遍采用,需要一定的普及时间。根据美国学者罗杰斯(Rogers)的创新扩散理论,创新在社会系统中随时间的扩散曲线呈现 S 形。即创新刚产生后,只有少数人采用,创新扩散的速度较慢,而随着越来越多的人采用,创新扩散加速,随着创新趋于普及,其扩散到达顶峰,扩散曲线则趋近于渐进线。不同创新在社会系统中的采用速度是不同的,一般而言,那些具有相对优势的创新往往具有较快的采用与扩散速度。在传播媒介演进史中,在特定历史阶段产生的新媒介的普及同样是创新扩散过程,美国学者诺里斯(Pippa Norris)对美国几类传播媒介普及过程的研究表明,各历史时期新媒介的普及过程同样符合 S 形的扩散规律,如图 2.1 所示。①

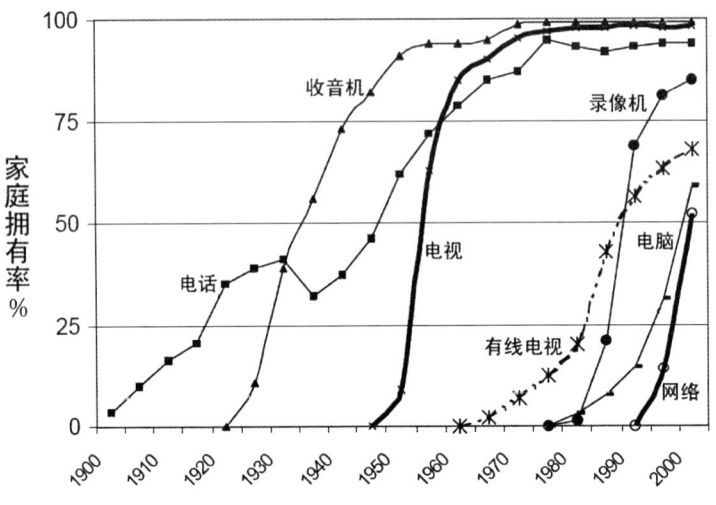

图 2.1　20 世纪美国信息技术普及的历史

诺里斯的研究表明,新媒介的普及速度往往会比老媒介快。与此相关联的一个事实是,在人类传播媒介演进历程中,媒介变革发生的时间间隔表现出依次缩短的趋势。人类进化到使用语言传播经过了大约 200 万年,从语言传播到文字传播经过了大约 9.5 万年,从文字传播到印刷传播经过了大约 4 000 年,从印刷传播到电子传播经过了大约 1 200 年,从电子传播到数字传播经过了大约 102 年。② 联系这两个趋势,我国学者张晓

---

① Pippa Norris:*Digital Divide: Civic Engagement, Information Poverty, and The Internet Worldwide*, Cambridge University Press,2002.
② 张晓群:《传播效率与经济增长》,社会科学文献出版社 2009 年版,第 64 页。

群指出,可大致将人类传播媒介的传播效率变化用图 2.2 中的曲线表示。①

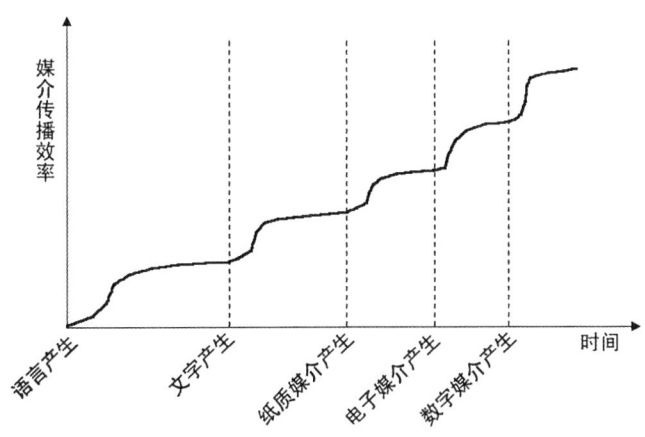

图 2.2　人类传播媒介与传播效率变革

因此,伴随着传播媒介演变,传播效率的总体变化规律是:在人类历史发展进程中,新型传播媒介的问世时间间隔总体逐渐缩短,新媒介在传播特性上相比于旧媒介会有显著优势,而新媒介一旦产生,其在人类社会中普及需要一个时间过程,这一过程符合创新扩散的 S 形曲线规律,而新媒介在人类社会的普及速度总是比旧有媒介快。总体而言,伴随着传播媒介的变革及其在人类社会中的普及,传播媒介系统总的传播效率不断提高,能更有效率地推进人类社会文明进步。与单一类型媒介相比,随着技术进步,和新媒介一样,旧有媒介不断演化进步,并不会被新媒介取代,而是和新媒介共存,但新媒介相对于旧媒介,传播效率还是更高。

---

① 张晓群:《传播效率与经济增长》,社会科学文献出版社 2009 年版,第 67 页。

三、印刷媒介和数字新媒介的传播效率比较

由人类传播媒介演进及其传播效率的变化规律可知,印刷媒介比以网络为核心的数字媒介问世早了1 300余年,而数字媒介的传播效率相对于印刷媒介具有显著优势,主要表现在如下几方面。

第一,在时间效率上,由于信息全部数字化为比特流,通过数字电子信号传输,信息内容在网络上从信息发送者传输到接收者可以在极短时间内完成,在新闻网站中,新闻信息一经采编完成,只要上传到其网站,读者打开网站的网页即可阅读到信息内容,甚至可实时直播新闻现场的信息。印刷媒介需借助于纸质实物载体,信息内容从传播者拟定,经过印刷再通过实物流通过程到达信息受众手中,往往需要经过较长时间,即使是每日出版的报纸,其信息内容从采编完成到通过销售派发渠道到达读者手中,也需近10小时的时间,印刷媒介的时间效率显然是远远低于网络等数字媒介的。

第二,在能够传播的信息内容的形态上,印刷媒介能够记载呈现的信息类型比较单一,只能为静态的文字和图片,且以文字内容为主,而信息内容一旦印刷于纸质载体上,就无法分离。而网络等数字媒介则由于采用数字化技术,文字、图片、音频、视频等所有类型的信息内容均可数字化为比特文件,在数字媒介系统中传播,且信息内容数字化后存储于数字设备的存储器中,并根据需要在数字传播系统中传输,信息内容与其数字载体在某种意义上是可以分离的,因此同样的信息内容可以无限复制传播,并通过PC显示器、平板电脑、手机等多种数字终端呈现出来。也就是说,就能传输的信息类型而言,数字媒介能够处理、存储与传播多媒体信息,所谓多媒体,或者也称为复合媒体,通常被定义为将两个或更多种的

内容形式集合为一个整体的媒体。① 显然,当信息获取者想获得形式比较丰富的内容,以获得对于信息内容更综合的认识、体验和感受时,数字媒介具有印刷媒介难以企及的优势。在信息内容组织方式上,印刷媒介上的内容只能为线性呈现,内容间的逻辑关系需要读者个人加以理解识别,读者限于个人的知识水平,可能并不能完全认识到内容中的逻辑关系,甚至产生错误的理解。数字媒介中的信息间可以建立一定的连接以表示其逻辑关系,例如,在 Web 网页中的链接就是这种建立好的信息间的连接,以表示信息与信息间的逻辑关系,这样一来,在数字媒介中,可以在信息内容中用连接将信息节点(如概念)组织为知识网络,以便更为准确地表示信息间的关系,显然这有助于读者准确地理解信息内容。

第三,在所承载的信息量,尤其是信息量的增长速率上,网络媒介相对于印刷媒介也具有显著优势。印刷媒介问世千余年来,人类社会通过印刷媒介传承的文献典籍可谓浩如烟海,对人类文明的发展作出了巨大贡献,这是不可否认的。对于网络媒介而言,我们看到,网络不仅能用于信息内容的传输,也能够存储大量的数字化的各种信息内容,网络媒介普及迄今不及 20 年,但人们传播与存储到网络中的信息内容的增长速率极快,目前,覆盖社会生活各领域的网络信息内容已极为丰富,被称为蕴含了"海量信息",而且这些信息内容通过搜索引擎即可非常方便快捷地获取。相对而言,如果人们要查找印刷媒介如图书中的信息内容,是较为费时费力的,典型的办法是到图书馆中检索,虽然图书馆中已拥有了计算机图书信息检索系统,但仅能检索到图书书目信息,还需要人工翻找书中的内容是不是所需要的,效率较低下。换言之,人们从网络这一数字媒介中查找与获取所需信息内容的效率远高于印刷媒介,而获取信息内容的效率是媒介传播效率的核心指标,显然数字化网络媒介的传播效率是高于

---

① 〔美〕罗杰·菲德勒:《媒介形态变化——认识新媒介》,明安香译,华夏出版社 2000 年版,第 22 页。

印刷媒介的。

第四,就载体信息存储物理空间效率而言,数字化媒介也远优于印刷媒介。一本数百页的图书内容数字化成为电子书文件后,少则几百 KB 字节,多则几 MB 字节,而现在一般的 CD-ROM 就可容纳近 700MB 字节的内容,也就是说可以存储几百本电子书,而一张 CD-ROM 占据的空间甚至可以忽略不计,而且极为便携。目前的电脑硬盘动辄数 TB 字节,即数千张普通 CD-ROM 的容量,其大小也不过相当于一本新华字典。目前,普通的电子图书阅读器,可同时存储数千本图书的内容,而大小仅相当于一本百页的 16 开大小的图书。就占据的物理空间与便携性而言,传统印刷媒介和数字媒介相比显然处于绝对劣势。

第二节 新媒介条件下文化内容的生产方式变化

一、新媒介条件下文化内容生产趋于大众化

新技术的应用往往带来人类社会生产生活方式的变革,20 世纪 80 年代初,个人电脑开始普及,在美国等发达国家,企业与个人开始购买和使用个人电脑,但当时 PC 软硬件系统还十分昂贵,对企业与个人是不菲的开销,尤其是软件系统的购买费用往往令购买者难以承担。因为一般而言硬件系统一次性投资即可获得并正常使用较长时间,而软件系统非常昂贵,因为软件开发的成本非常高昂,软件公司和程序员需要获得回报以进一步开发新产品,这使得企业与个人用户需要在购进 PC 硬件后不断购买软件以完善或增加系统功能来满足办公等使用需求,从而使投资不断增加、积累,往往是电脑系统最后总的投入费用中软件系统要远高于硬件系统,除非使用盗版软件,而这又是违反版权法律的,在美国等国家

版权法律保护体系较为健全,盗版的违法成本很高。软件系统费用的高昂从经济上来说是合理的,但是对于个人电脑系统的普及和软件技术的发展是不利的。就软件技术的发展而言,研究者、开发者间的合作、共享和交流对于软件设计技术的完善非常必要,而软件产品在软件公司技术保密条件下的封闭式开发以及高价收费模式显然与此相矛盾。在这一情况下,1983年美国软件技术专家Richard Stallman发起GNU计划,在早期的在线新闻组上予以公布并获得了广大软件研究与开发者的呼应与参与。GNU(General Public License)即"通用公共许可证",参与GNU计划开发的软件中携带一份GNU协议条款,其核心规则在于禁止他人对软件添加任何技术限制,在遵守这一规则的前提下,任何人可以获得软件的授权,从而使其他研究者、开发者或用户可以免费且自由地获取、学习研究、使用、复制、修改和重新发布。GNU计划旨在推进"软件界合作互助的团结精神",[①]以推动软件技术的进步,事实证明,GNU软件及宗旨在此后的软件技术发展中起到了重要作用。事实上GNU规则并不仅仅用于软件,也可用于各种与软件或计算机技术相关的手册、教程,乃至其他功能、用途的文档或文献。GNU的精神与模式在互联网时代也得到重现和更进一步的发展,在文化领域尤为显著。

20世纪90年代末,国际互联网获得快速发展与普及,并在十来年的时间内迅速成为给传统媒体带来很大冲击的数字化新媒介。然而,网络不能被简单地视为传播媒介,网络不仅能使人们更高效地传播与获得信息、与他人交流及娱乐休闲,而且,网络也逐渐给人们带来新的生活方式,成为一种数字化的生活"空间",甚至被称为"网络社会""虚拟空间"等,显然网络空间并非虚拟,网络对个人生活领域乃至整个社会都产生了深刻的影响,给社会很多领域带来了变革。在文化领域,我们可以注意到,

---

① 百度百科:GNU,http://baike.baidu.com/link? url=oa32BXzrZ09NZf801CJUSXCxfPGwV70hAXhcnQpZKQD8xgrU5atPMQJjjSVdA5SUVP_QbcP5WL2jgEryfoNbFK.

在网络空间中,有大量全新的文化现象和事物不断涌现,如全新的语言和词汇、大量的文学及音视频作品等。值得注意的是,这些新的文化现象、文化产品是由很多普通互联网用户创造出来,并在网络空间中不断自由流传、演变、丰富的,换言之,这是一种大众化的文化生产方式,大众在网络空间中得以充分发挥其文化创造力。一个典型的案例是,2001年,美国国家宇航局NASA(National Aeronautics and Space Administration)邀请一些普通的互联网用户参与整理和拼接飞行器在火星表面拍摄的四万多张照片,这项工作原计划是由专业的火星研究人员完成,但由于工作量太大,NASA才尝试采用这种办法。参与项目的网民基本上并非NASA或相关专业机构的研究人员,然而最终网民完成任务的数量和质量都大大超出了项目发起和组织方的预期。①这一现象引起了研究者的注意,美国学者Benkler称此事件显示了大众化生产的涌现(emergencing of peer production),并将大众生产的参与者称为大众生产者(peer producer)。

大众化生产被认为是一种因互联网而产生的新型的知识与文化生产方式,Benkler于2002年将其描述为"散落在世界各地的社会大众,通过互联网自愿式地以互联网为平台进行合作式的知识和信息生产,并共享知识产品的现象"。② 2006年,Benkler在其 *The Wealth of Networks*(《网络财富》)一书中进一步提出,大众化生产是"一种生产的社会经济系统,借由一群个体通过合作而实现,他们之间共同合作、协调生产、相互间分享和提供信息、知识或文化产品,但是这种合作或者协调并不依赖于市场定价机制或者是管理层级体系"③。美国学者Corneli和Krowne认为,大众生产指多个个体合作研究、共同开发复杂的计算机程序、共同编写百科全

---

① Post,Bradford:Peer production promises to leap in importance,*Information Week*,2002,7: 870.
② Yochai Benkler: The battle over the institutional ecosystem in the digital environment,*Communications of the ACM*,2001,44(2): 84-90.
③ Benkler,Y:*The Wealth of Networks*:*How Social Production Transforms Markets and Freedom*,New Haven,CT:Yale University Press,2006.

书或共同生成和改进复杂的人类知识系统。① 我国学者常静、杨建梅认为,大众生产广义上泛指一切基于互联网技术和网民自愿参与而进行的知识生产活动,狭义上指基于互联网进行的、网民自愿参与的、能生成明确的知识产品的知识生产活动。② 我国学者周学春认为,大众化生产具有合作共享的特征,也可称为共享式生产,这是在计算机和互联网普及和深入人们日常生活的背景下所产生的一种新型的知识生产方式,它是通过分散在世界各地的网民们通过互联网开展的自愿性的合作式的知识生产模式。③

这种网络带来的大众化文化生产模式与传统社会环境下的文化生产模式有很大的区别,传统社会条件下,文化生产的主导方式可划分为两个发展阶段。以西方为例,在产业革命前,文化与知识的生产主要由政府或宗教机关主导,由他们发起和组织相关领域的专门人士进行文化内容与知识生产。而产业革命后,随着市场经济的发展,文化内容与知识生产则逐渐趋向于由各种企业主导,即由企业聘用或组织专业人员进行文化内容的研发生产。总体而言,在传统社会条件下,文化内容和知识的生产主要是由各文化领域的社会精英在拥有各种普通大众所不能拥有的社会资源的权威机构的支持下开展的,是一种精英式的文化生产模式,而互联网普及后,普通大众也拥有了电脑和互联网这样的文化生产与传播手段,使他们能够发挥自己的创造力,在网络空间中通过高效的交流和共享机制共同而自由地创造、生产文化内容,而这种大众化的文化生产模式,目前已成为当代社会文化生产与传播的一种重要模式。有趣的是,在网络空

---

① Joseph Corneli, Aaron Krowne: A Scholia-based Document Model for Commons-based Peer Production[C]. *Proceedings of the Symposium on Free Culture and the Digital*, 2005. 296.
② 常静、杨建梅:《百度百科用户参与行为与参与动机关系的实证研究》,《科学学研究》2009年第8期。
③ 周学春:《社会化媒介的价值、机制和治理策略研究:以百度百科为例》,武汉大学博士学位论文,2013年。

间中,通过这种全新的大量普通网民参与的文化内容生产模式,大多数情况参与者并非为了获取经济报酬,而是为了获得因创新或受到其他网民的认可,已有很多学者对网络条件下网民参与的文化内容生产的动机开展了研究。美国学者 Benkler 和 Nissenbaum 经研究认为,人们并非只在有经济激励的条件下才能够高效地合作创造文化内容,在一些条件下,如在网络条件下,一些非市场的合作机制(nonmarket collaborations)往往可以更有效率地激励人们参与文化内容生产。①

目前,大众式内容生产模式在互联网中已成为一种较为常见的内容生成机制,并表现出爆发性的内容生产力。这种模式在互联网文化内容领域也被称为 UGC(User Generated Content,用户生成内容)模式,UGC 即用户将自己原创的内容通过互联网平台进行展示或者分享给其他用户。②网络内容服务早先被称为 Web 1.0 时代,其内容主要由网站创建,用户浏览或下载,而在近年来,互联网的发展已进入 Web 2.0 时代,Web 2.0 强调个性化,即发挥普通网民的创造性,由他们在网上创造和分享文化信息。这实际上造成了文化内容生产者的大众化,促进了网络上文化内容的飞速增长,而在海量的用户生成的内容中往往蕴藏着极有价值的成果。这种大众式文化内容生产模式的生产效率已远超传统的精英式的文化生产模式,对于当代社会人类文化知识的积累与传播有着显著的推进作用。例如,在网络文学领域,我国的盛大文学网站中,任何爱好或乐于创作小说等文学作品的人都可以将自己的作品上传到网站中,供读者阅读。在我国的百度文库中,所有用户都可以上传分享涉及各领域的文献材料,目前文库中的文献内容已极为丰富,对百度文库的用户的学习、工作和生活提供了较大参考作用。在我国的优酷网、土豆网、美国的 youtube.com 等

---

① 周学春:《社会化媒介的价值、机制和治理策略研究:以百度百科为例》,武汉大学博士学位论文,2013 年。
② 百度百科,UGC,http://baike.baidu.com/subview/713949/9961909.htm? fr=aladdin。

著名视频网站中,每天有大量的用户自己创作视频作品上传到网站中分享。在我国著名的图书、音乐、影视作品乃至各种时尚事物的评论网站豆瓣中,用户可以自由地发表、分享与交流对有关书籍、电影、音乐及时代风尚的评论和意见,豆瓣网旨在并擅长从海量用户创作的内容中挖掘和创造新的文化价值,这也是网络时代的大众式文化内容生产模式的核心价值所在。采用大众式内容生产模式的网络百科,其内容生产乃至编辑把关机制都具有明显的大众参与和协同编辑把关的机制,其问世与发展甚至已严重威胁到传统的纸质版本百科全书。

二、网络条件下大众化文化内容生产的典型案例——网络百科

百科全书是一种重要而特殊的书籍类型,在现当代传统社会条件下,世界上很多国家都会组织编撰和出版综合社会各领域较成熟的知识信息的百科全书,并随着社会的发展而长期对百科全书内容进行更新、增补和再版。世界文化强国往往都有非常具有权威性和影响力的一部或数部百科全书,能为各行业的人学习和研究提供参考,如英国的《大英百科全书》和中国的《中国大百科全书》。长期以来,纸质版本百科全书的出版是典型的精英式的生产模式,通常由出版机构组织各领域的权威专家等公认的社会精英编撰,纸质百科全书出版后,通常通过市场机制以高昂的价格售卖给机构及个人用户。

随着互联网的发展,提供百科内容供查询的"网络百科"应运而生并逐渐被越来越多的人所使用。目前国际上最有影响力的网络百科是"维基百科"(Wikipedia),近年来"百度百科"也逐渐发展起来,在国内被互联网用户广泛使用。目前网络百科中内容的生成并非由所属网站组织专门人员采编,采用的是大众化内容生产模式。以2001年上线的维基百科为例,其内容的生成是开放式的,所有互联网用户均可在维基百科网站中创

建内容条目,维基网站中由网络用户创建的所有内容均遵守GNU协议,所有互联网用户都可以在遵守GNU规则的条件下免费获取和使用其中的内容。和纸质百科全书的编撰相比,虽然参与纸质版百科编撰工作的均是出版方付费邀请的各行业、各领域、各学科的权威人士,属于社会精英,但纸质百科的编撰群体显然是有限的,以《大英百科全书》为例,参与其纸质版本编辑工作的各界精英最多时为数千人。参与维基百科内容创建的则可以是任何人,虽然其中不乏社会精英,但总体上属于社会大众,而这些内容创建者人数众多,来自世界各地、各行各业,知识背景各不相同,他们并不能从网站得到经济上的报酬,但这并不妨碍他们乐于为丰富网站中的内容志愿做出自己的贡献,把自己专业领域的内容不断添加到网站中。据统计,2013年底维基百科网站上大约有3 500万名注册用户,其中有10万名用户长期积极参与维基百科内容条目的创建与编辑工作。[1] 显然,创建维基百科内容的网民群体人数远远超越编撰纸质百科的精英群体人数,这使得维基百科网站自创建以来,知识内容的总量一直保持高速增长,目前网站中的百科内容极为丰富,涵盖社会生活各个领域,其内容的增速和丰富程度实际上早已超越了世界上任何一部纸质版的百科全书。维基百科始建于2001年1月,到当年9月内容条目即达一万条,而此后随着维基百科知名度的提升及用户参与度的激增,内容条目呈加速增长态势,截至2006年3月,维基百科英文版本的内容条目即达100多万条,当时已有200多年出版历史的纸质版本《大英百科全书》有条目120多万条,[2]维基百科仅在五年时间内即达到这样的水平,内容增速达到纸质版本《大英百科全书》数十倍。据统计,截至2013年年底,各语种维基百科内容总共收录了超过2 200万条目,其中英语维基百科收

---

[1] 马蕴:《传统百科全书的在线化之路——基于三大在线百科之比较》,《新闻传播》2013年第11期。
[2] 廖小珊:《维基百科信息生产机制管窥》,《新闻窗》2010年第1期。

录超过 400 万条目,中文维基百科创建于 2002 年 10 月,据 2013 年年底统计收录了 50 万余条目。维基百科中条目内容之丰富与其大众化的内容生产模式是分不开的,其内容规模的高速增长及丰富程度与参与其内容创建的网民大众来源极广、人数极多为正相关关系。

纸质版本的百科全书由于编撰人员都是出版方邀请的各领域专家和各行业精英,其编撰工作总体而言是认真负责的,而且在纸质百科的出版流程中也有着严格的编审把关机制,内容质量较有保证,这是其内容具有严谨性、可靠性和高水平的重要保障,也是《大英百科全书》等纸质百科具有权威性和影响力的重要原因。网络百科由于内容是大众式生产模式,创建内容条目的用户参与动机难以把握,其所创建上传的内容的质量是难以保证的,这就需要一定的编辑把关与内容修正机制,以确保维基百科中的内容质量达到一定的水准。维基百科也是存在编辑把关机制的,维基百科相信"更多的眼睛能够发现更多的错误""真理越辩越明",[1]其内容把关是由众多网民共同参与的,即所有参与内容创建的互联网用户都可以监督维基百科网站中的内容,参与者一旦发现某个条目内容有误、不充分甚至有不良内容,即可对其内容进行编辑、修订、增补,维基百科网站也具有智能化的内容版本控制技术,即"修订控制系统(RCS, Revision Control System)",众多的参与者可以在内容条目前后不同的修订版本间进行对比,最后获得共同认可的正确的质量较高的内容。因此,这也是一种大众式的具有协同特征的编辑机制,而传统出版机构的编辑机制,编辑人员是专职的,也可以说是一种精英式的编辑机制。维基百科的这种编辑机制相对于传统编辑机制而言具有创新性和突破性。维基百科创始人吉米·威尔士(Jimmy Wales)曾明确地指出维基百科的内容把关机制及其意义:"维基百科里真正的创造意义在于,在知识交流的混乱中生了有

---

[1] 廖小珊:《维基百科信息生产机制管窥》,《新闻窗》2010 年第 1 期。

序的规则,同时凝聚了巨大的社群,大家一起来定义知识,并监督整个过程。"①这种大众协同编辑把关机制使得维基百科中的信息内容创建后能够得到不断修正和优化,直至其内容得到完善。目前,在总体上,维基百科中信息内容的准确性、全面性已逐渐被社会各界所认可。

在网络搜索引擎尤其是网络百科问世后,已经有越来越多的用户通过网络百科查询百科信息,据 Alexa 全球网站流量排名统计,全世界有近 3.65 亿民众使用维基百科,全球网站浏览人数排名第六(最高纪录第五)。② 相比之下,纸质版本百科全书的市场生存空间已越来越小,近年来急剧萎缩,甚至呈现出逐渐退出出版市场的趋势。以纸质版《大英百科全书》为例,其创办于 1768 年,坚持两年修订一次,连续出版了 244 年,被公认为是世界上最知名、最权威的百科全书。但 2012 年 3 月 14 日,大英百科全书公司正式宣布,将不再推出印刷版本,而全面实施数字化转型。纸质版《大英百科全书》的销售量在 1990 年达到顶峰,在美国售出 12 万套。在网络百科的冲击下,2012 年其销售额还不及大英百科全书公司总体收入的 1%,业界普遍认为,《大英百科全书》的主要竞争对手即是维基百科。③ 而我国的《中国大百科全书》也面临同样的问题。《中国大百科全书》是我国最权威的综合性百科全书,最高峰时销售单卷 80 万,全套十几万。进入网络时代后,到 2009 年其第二版的发行数量已急剧下降至 1.7 万套,也只能实施数字化转型,优先发行网络版,在编撰过程中借鉴维基百科和百度百科的大众式内容生产模式,以提供专业性知识服务和定制化解决方案实现盈利。④ 其他国家的纸质版百科全书的命运也并不好于《大英百科全书》或《中国大百科全书》,2013 年法国《环球百科全书》

---

① 廖小珊:《维基百科信息生产机制管窥》,《新闻窗》2010 年第 1 期。
② 马蕴:《传统百科全书的在线化之路——基于三大在线百科之比较》,《新闻传播》2013 年第 11 期。
③ 陈雁渤:《大英百科全书凭什么和维基百科竞争》,《中国商报》2012 年 3 月 23 日。
④ 肖湘女:《中国大百科全书出版社"上线"转型》,《北京商报》2013 年 12 月 20 日。

同样宣布将停印纸质版本,只发行数字版本。由此可见,在世界范围内纸质版本百科全书逐渐退出市场已成普遍趋势。

第三节 媒介融合时代受众的信息获取与阅读方式的变迁

一、媒介融合条件下数字新媒介逐渐成为大众首选媒介

传播学中"使用与满足"理论认为,受众的媒介接触活动是他们通过使用媒介来满足自身特定需求的过程。例如,人们阅读报刊、收看电视主要是为了获知新闻消息、社会动态、实用信息和新知识,以及作为一种休闲放松手段等。20世纪70年代,美国学者E.卡兹和日本学者竹内郁郎对受众在媒介接触过程中的基本模式和机制进行了概括,如图2.3[①]所示。

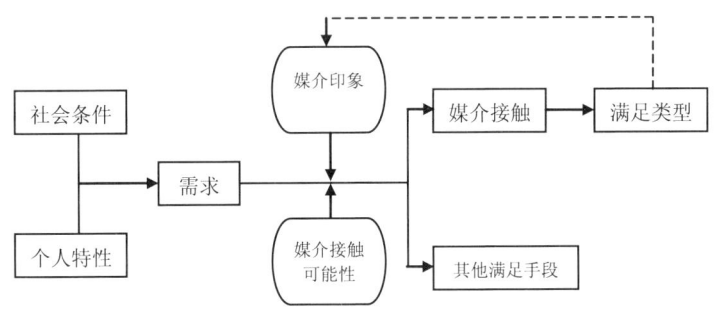

图 2.3 "使用与满足"过程的基本模式

"使用与满足"过程与机制的研究揭示了受众进行媒介选择的影响因素。人们接触媒介的目的是满足他们的一些特定需求,除了人们所处的社会条件及他们的性格爱好等个人特性外,人们根据自己的需求实际选择何种媒介主要还受两个媒介方面因素的影响,其一是媒介接触的可

---

① 郭庆光:《传播学教程》(第二版),中国人民大学出版社2011年版,第168页。

能性,即拥有怎样的媒介接触条件,能接触到何种媒介;其二是受众对特定媒介的使用印象和认知,受众更有可能选择那些以往给他们带来过类似满足的媒介。人们做出媒介选择并使用媒介后,会根据自身需求获得满足的情况而形成或修正既有的媒介印象,这将影响到他以后的媒介选择。① 显然,在面临多种媒介选择时,受众通常会倾向于优先选择能更好地满足他们的特定需求的媒介。另一方面,传播效率即媒介满足受众需求的效能,媒介满足受众需求的程度与媒介的传播效率往往有正相关的关系,即传播效率越高的媒介,往往能更好地满足受众使用媒介的需求,且当受众有多种媒介可用时,一般会优先选择传播效率高的媒介。

　　应该说,决定受众媒介选择的因素相当复杂,除上述因素外,在现实生活中,人们还会自觉或不自觉地根据媒介使用的相关成本来选择媒介。经济学理论的基本假定是人具有经济理性,即人们在做出行动决定时,总是倾向于寻找和使用成本最低同时收获最多的行动方案,在媒介选择过程中同样如此。人们要考虑的成本因素主要是:(1)经济成本,即获取某种媒介满足自身的特定需求所要花费的金钱费用,人们通常会选择费用较低的媒介产品,或者考虑效用价格比并作出权衡。(2)时间成本,即获取特定媒介内容所需要花费的时间,时间成本考虑也是决定人们优先选择传播效率高的媒介的一个重要原因。(3)人力成本,即人们获取特定媒介内容所需花费的自身体力、精力,人们会优先选择获取及阅读更为省力的媒介。与媒介选择成本相关联的因素是人们在获取媒介内容满足自身需求时所拥有的相应资源,主要是:(1)时间资源,即人们在完成学习、工作及家庭事务等必须完成的活动后,还剩余可自由支配的时间资源。(2)经济资源,即人们能够或愿意花费于获得媒介并从中阅读内容的费用额度。(3)人工资源,即人们所能够或愿意用于获取媒介并从媒介中

---

① 郭庆光:《传播学教程》(第二版),中国人民大学出版社2011年版,第168页。

查找、阅读自身所需信息的体力和精力。

人类社会已经进入信息时代,书籍、报刊、广播、电视等传统媒介早已高度普及,而数字化媒介如网络的使用率自20世纪90年代后一直呈现出高速增长的态势,如今智能手机等便携式数字媒介终端则已成为继互联网之后数字化媒介使用率新的高速增长点。总体而言,当代人类社会传播媒介资源已非常丰富,而各种媒介所承载传播的信息量及其增长速度也已远远超越人类社会20世纪的水平,这在很大程度上得益于数字技术及网络媒介的发展。某种意义上说,在当代人类社会,很多国家已进入媒介资源和信息内容资源过剩的阶段,在中国,同样也表现出这样的发展趋势,而一度出现的"眼球经济""注意力经济"等称谓正表明,当代传媒业已进入买方市场阶段,诸多媒介需要争夺受众资源才能获得足够的生存空间。

在这样的媒介环境下,受众充分地掌握着媒介使用的主动权,一般而言可以选择最能满足自身需求的媒介,不再受媒介资源及经济条件等的限制,但对于当代受众而言,由于工作生活节奏的加快,可用于接触媒介的时间及受众个人的精力等资源却是有限的,有研究者指出,新媒介与传统媒介的竞争主要体现在以下四种资源的争夺上:消费者获得的满足、消费者的媒介使用时间、消费者的媒介消费金额以及广告投放金额,其中媒介使用时间是媒介至关重要的资源。① 因而当代受众需要使用媒介时,传播效率高即在有限时间内满足受众需求程度高的媒介自然成为了当代受众的首选媒介。互联网、智能手机等数字化媒介体现出了媒介融合的特征,集以往多种传播媒介的功能于一体,受众可以通过它快速地获取自己需要的所有形式的信息内容,是当代传播效率最高的新媒介,总体而言,越来越多的受众将选择数字媒介作为首选媒介,将能够用于使用媒介的时间和精力等个人资源更多地用于通过智能手机等数字化终端使用互

---

① John Dimmick, Yan Chen, Zhan Li: Competition Between the Internet and Traditional News Media: The Gratification—Opportunities Niche Dimension, *Journal of Media Economics*, 2004(17):1, 19-33.

联网获取需要的信息内容,分配给书籍、报刊、电视与广播等传统传播媒介的时间和精力将趋于减少。我国学者喻国明等认为,受众的注意力是比金钱更为稀缺的资源,衡量注意力价值的一个重要指标就是媒介使用时间。由于每个人的媒介消费都受到了时间和金钱上的预算约束,如果分配到互联网的时间或金钱变多,那么分配到其他媒介的时间和金钱就会变少。喻国明开展的实证研究表明,当代受众的上网时间和传统媒介使用时间存在"零和博弈",受众上网时间的增加会导致传统媒介使用时间的减少,且网民的上网时间仍然处于不断增加的趋势之中。[1]

  上述趋势主要体现在使用网络媒介的受众群体规模的增长上。以我国为例,自互联网20世纪90年代末开始在我国普及以来,我国网民人数一直持续快速上升,根据中国互联网络信息中心(CNNIC)的调查统计,截止到2015年12月,中国网民达到6.88亿人,互联网普及率持续上升至50.3%,这表明在我国网络媒介使用人群范围已非常广泛。在上网时间上,据统计2011年12月我国网民每周平均上网时长为18.7小时,2012年12月为20.5小时,2013年12月为25.0小时,2014年12月为26.1小时,2015年12月为26.2小时,这表明我国网民用于上网的时间近年来持续增加。[2] 上网时间不断延长,表明我国网民网络使用的深入程度在增加,互联网的用户黏性不断增强,意味着网络逐渐成为人们获取新闻资讯的主要媒介之一,网络媒介的影响力也随之快速提升。值得注意的是,近两年用手机上网的网民规模增长尤为快速,CNNIC的调查显示,在使用上网设备方面,截至2015年12月,我国网民中通过手机上网的网民比例为90.1%,比2014年年底增长了4.3个百分点,使用台式电脑、笔记本电脑和平板电脑上网的网民比例为分别为67.6%、38.7%、31.5%。可见,近年来我国网民

---

[1] 喻国明、许子豪、赵晓泉:《上网时间对传统媒介使用时间的影响》,《现代传播》2013年第4期。
[2] 中国互联网信息中心(CNNIC):《中国互联网络发展状况统计报告》,http://www.cnnic.cn/.

在上网设备上越来越向手机端集中,①事实上,目前智能手机已成为我国网民的"第一上网终端",这表明,近年来传播功能更为融合的智能手机已成为人们首选的数字化媒介终端。总体而言,当代媒体用户群重心开始从传统媒介向互联网快速迁移。互联网络正在快速争夺着传统媒介的受众资源,这对传统媒介的冲击和影响将极为深远,必将影响到传媒业的基本格局。网络等数字化媒介的快速发展将使图书、报纸、杂志、广播、电视等传统媒体的生存和发展面临挑战,也使后者加快向数字化媒介迁移。

二、媒介融合条件下受众阅读趋势的变化

"阅读"概念的含义有广义与狭义之分,在狭义上,阅读就是借助视觉感官,通过思考来理解文字、文本所表达的内容和意义的一种智力活动。从传播角度看,多指人们使用书籍、报刊等印刷媒介从中获取信息内容的活动和过程。日常生活中的"读书""看报""看杂志"即属狭义上的阅读活动。在广义上,阅读就是借助于人的视觉、听觉、触觉等感官,通过心理加工来理解文字、标符、图案、服饰、表情、姿态、自然现象和社会现象及其状态的内容和意义的一种复杂的心理活动、行为或过程。②从传播角度看,即是泛指人们使用各种类型的媒介并从中获取信息内容的活动过程,即人们从广播、电视、网络等媒介获取文字、图像、音频、视频信息内容的活动都属于广义的阅读活动。在传统媒介条件下,阅读多指向书报刊等印刷媒介与文本;对于广播这一听觉媒介的信息获取活动多用"收听";对于电视这一视听综合并以视觉信息为主的媒介的信息获取活动多用"收看",不同语词的使用场合可谓泾渭分明。但网络等数字媒介出现后,由于数字媒介具有媒介融合的特征,能够互动传播文字、图像、音频、

---

① 中国互联网信息中心(CNNIC),《中国互联网络发展状况统计报告》,http://www.cnnic.cn/.
② 周荣辉:《英语阅读理解策略与技巧》,西南交通大学出版社2009年版,第1页。

视频等所有形式的内容,在数字媒介中获取信息内容的活动则更适宜于用广义的阅读来概括。

网络等数字化媒介普及后,由于其传播效率高,正逐渐成为越来越多的受众在获取信息时的首选媒介,相应的,受众将减少对传统传播媒介的使用,也即受众将更多地通过网络来开展阅读活动,对传统媒介的阅读将减少。可使用"阅读率"这一指标,来研究这一变化趋势,并通过实证量化研究来考察传统媒介与数字媒介阅读率变化趋势。在媒介调查领域,阅读率一般指在特定地区(如实证调查所选地区或相关媒介所覆盖地区)阅读某媒介的人数占该地区总人口数的比率。中国新闻出版研究院从1999年起开展"全国国民阅读调查",该项目通过对我国国民的阅读情况进行多年持续跟踪式的问卷调查,具体包括我国国民阅读书报刊、音像出版物及数字媒介的相关情况,其中数字媒介阅读包括网络在线阅读、手机阅读、电子阅读器阅读、光盘阅读等方式,并对数据进行统计分析,考察我国国民的阅读倾向及发展趋势。截至2015年,该项目已开展13次。国民阅读调查的对象涵盖我国全年龄段人口,样本城市达81个,覆盖了我国29个省、市、自治区和直辖市,能较好地反映我国国民的阅读状况和趋势。

2016年发布的第十三次全民阅读调查结果显示,2015年我国成年国民的图书阅读率为58.4%,而1999年,我国国民的纸质图书阅读率为60.4%,也就是说,1999年以来,国人的图书阅读率总体降低了,如图2.3所示。尽管调查显示2005年以来图书阅读率逐渐稍有回升,但国民的图书阅读量却较低,2015年我国人均纸质图书阅读量仅为4.58本,而连续数年的全民阅读调查中,明确承认"读书很少"的参与调查者均超过了50%。[①] 而同为印刷媒介,期刊与报纸的国民阅读率总体上均呈现出逐渐

---

① 曾绚琦:《全民阅读的时代意义与实现途径》,《现代出版》2014年第1期。

下降的趋势,如图 2.4、图 2.5 所示。① 由此可见,在当代传播环境下,书籍、报纸、期刊等印刷媒介的受众群体总体上逐渐趋于减少,这显然与越来越多的受众选择使用数字化媒介获取和阅读信息内容有关。

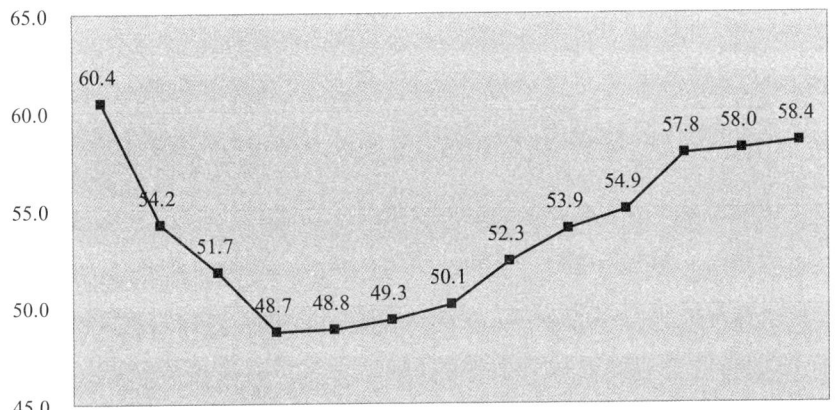

图 2.3　1999—2015 年图书阅读率走势

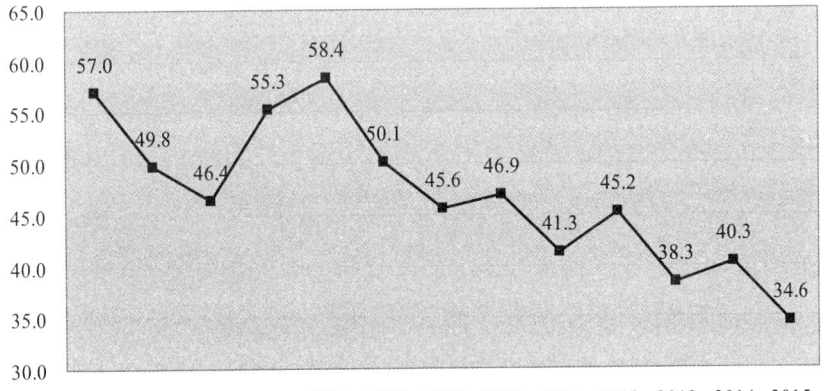

图 2.4　1999—2015 年期刊阅读率走势

全国国民阅读调查显示,与印刷媒介的阅读率总体呈下降趋势相对比,数字化媒介的阅读呈现出明显的上升趋势,以 2008—2015 年为例,数

---

① 数据来源:中国新闻出版研究院历年《全国国民阅读调查报告》。该报告 2007 年才开始统计报纸阅读率。

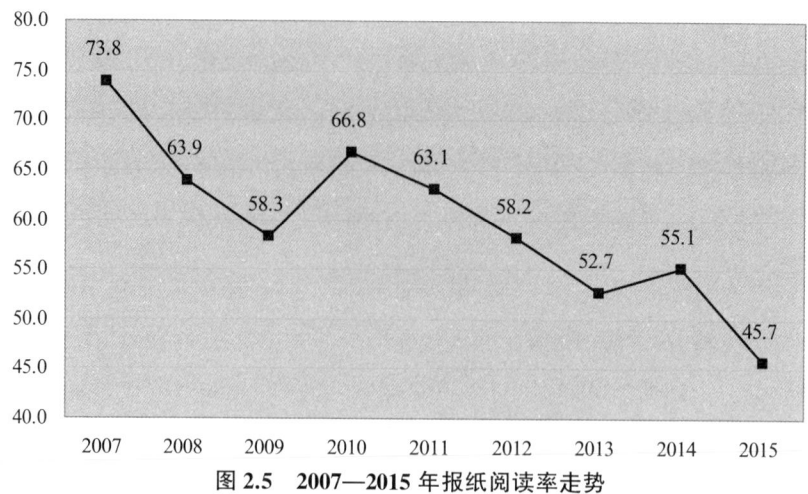

图 2.5　2007—2015 年报纸阅读率走势

字化阅读的接触率变化趋势如图 2.6 所示,[①]表明使用数字化媒介的受众群体规模确实表现出不断增大的趋势。由于目前数字化媒介终端呈多样化趋势,数字化阅读又主要细分为用电脑上网在线阅读、用智能手机阅读、通过电子阅读器阅读等。在不同的数字化阅读方式中,调查显示,2008—2015 年间,网络在线阅读和手机阅读均表现出较高的增长率,而电子阅读器阅读率增速较缓,手机阅读表现出了最高的增长率,且增长最

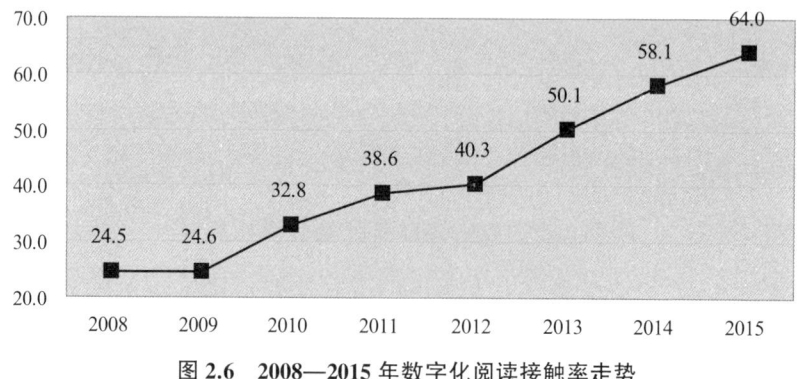

图 2.6　2008—2015 年数字化阅读接触率走势

---

① 数据来源:中国新闻出版研究院历年《全国国民阅读调查报告》。全国国民阅读调查 1999 年至 2007 年统计的是互联网阅读率,2008 年起综合统计数字化阅读接触率。

为迅速,2014年手机阅读率已超越网络在线阅读率,如图2.7所示。[①] 阅读调查显示,在选择数字化媒介阅读读者中,对于选择数字阅读方式的主要原因,多数数字化阅读者表示"获取便利"是使用数字化媒介的首要原因,其他主要原因还包括"方便随时随地阅读""方便信息检索"等。显然,这些原因都是数字化媒介拥有而传统纸质印刷媒介不具备的优势。[②] 不同的数字化媒介之间在阅读率上的差异与其媒介融合的程度是有关的。相对于连接互联网的普通电脑,智能手机在功能上融合程度更高,即不仅像上网的电脑一样将多种传播功能一体化,而且还拥有电脑所不具备的便携功能,使受众可以随时随地获取信息内容。而电子书阅读器尽管同为数字化媒介,但功能一般较为单一,仅能阅读电子书内容,无法满足受众的多重传播需求。

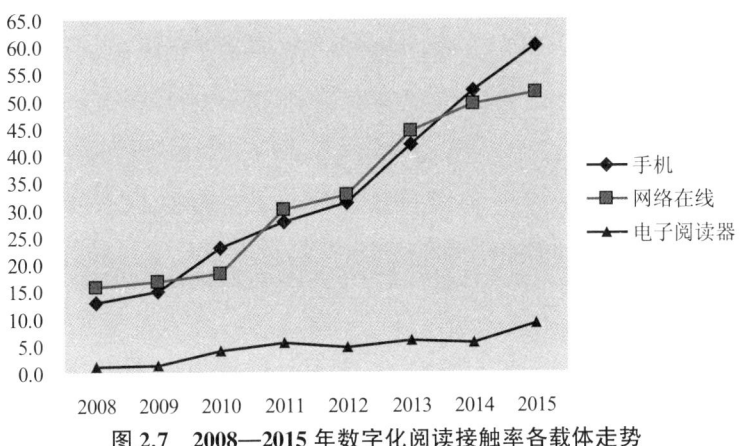

图2.7 2008—2015年数字化阅读接触率各载体走势

从选择数字化阅读方式的人群分布来看,以2015年为例,我国成年数字化阅读者中,18—29周岁人群占到38.6%,30—39周岁人群占

---

① 数据来源:中国新闻出版研究院历年《全国国民阅读调查报告》。
② 全国国民阅读调查课题组:《2012年全国国民阅读十大趋势》,《出版发行研究》2013年第5期。

28.1%,40—49周岁人群占21.1%,50周岁及以上人群占9.1%,如图2.8。① 由此可见,随着年龄段的提高,数字化阅读率是逐渐降低的,表明年纪较轻的读者更易于接受和使用数字化媒介。我国成年数字化阅读中87.9%是18—49周岁人群,即中青年人群是数字化阅读的主力,其中多数是18-29岁的青少年人群,青少年人群的选择更能凸显未来阅读发展的趋势,即数字化阅读率未来还将增长。

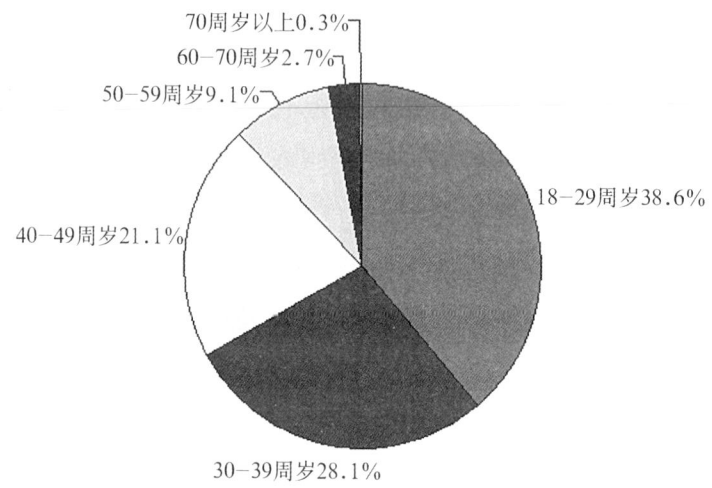

图2.8 成年数字化阅读人群分布

阅读者分配在不同媒介上的阅读时间对比,数字化媒介与传统纸质印刷媒介相比也显示出了较大优势,以2015年全国国民阅读调查数据为例,我国成年国民人均每天阅读纸质图书时长为19.69分钟,阅读报纸时长为17.01分钟,阅读期刊时长为8.83分钟。相比之下,我国成年国民人均每天互联网接触时长为54.84分钟,手机阅读时长为62.21分钟,在数字化媒介中,手机阅读接触时长最长,并呈现出快速增长的态势。② 可以

---

① 数据来源:中国新闻出版研究院2016年《第十三次全国国民阅读调查报告》。
② 同上。

看出,目前纸质印刷媒介无论是图书、报纸还是期刊,人均每天阅读时长均远低于数字化媒介。事实上,数字化媒介属融合媒介,人们上网并不仅仅能进行文本阅读活动,还可以从事写作、发布信息内容、在线聊天社交、休闲娱乐等。根据 CNNIC 的调查数据,当前我国网民平均每天上网时长近 4 小时,显然远远高于书报刊等传统纸质印刷媒介最多 10 几分钟的阅读时间,差距甚为悬殊,也远高于广播、电视等传统电波媒介。[①] 这表明,目前数字化的网络媒介已呈现出成为当代大多数受众首选媒介的态势,对于中年、青少年受众群体尤为如此,网络媒介事实上已成为当代中青年受众群体获取各种信息的主要渠道。

如果考虑到所有的媒介形态,除了数字化媒介的高速发展与普及,在数字化技术的推动下,实际上传统媒介的内容生产效率也相应大幅提高,当代传媒体系能给受众比以往远为丰富的内容和信息服务,在当代受众的学习、工作和生活中,接触传播媒介的机会要远高于以往,包括所有媒介形态在内的综合阅读率表现出增长趋势。我国国民阅读调查显示,2008—2015 年间,把传统媒介和数字新媒体算在内的综合阅读率从 69.7%上升到 79.6%,如图 2.9 所示。[②] 这表明使用媒介已成为当代国民日常生活的重要组成部分,显然这与数字化媒介尤其是互联网和智能手机的普及密切相关。

值得注意的是,尽管广义的阅读活动涵盖了传统的纸质书报刊等印刷媒介和数字化媒介,但传统阅读(指狭义的阅读)与数字化阅读有着多方面的深刻差异,尤其在二者对读者的作用和效果方面。有研究表明,人在读屏幕和读纸面上相同的文字内容时,视线的活动轨迹、注视焦点以及

---

① 中国互联网信息中心:《中国互联网络发展状况统计报告》,http://www.cnnic.cn/hlwfzyj/hlwxzbg/。据 CNNIC 统计,2015 年我国网民人均周上网时长为 26.2 小时,由此推算人均每天上网时间约 3.7 小时。
② 全国国民阅读调查课题组:《2012 年全国国民阅读十大趋势》,《出版发行研究》2013 年第 5 期,第 42-46 页。

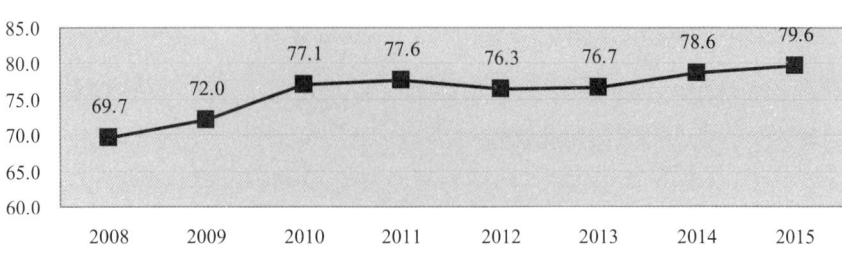

图 2.9　2008—2015 年综合阅读率走势

大脑中的思维活跃区域是不同的,相应的人在数字化阅读和传统阅读方式下,对于阅读内容的选择、认知、感受和理解程度也会有所不同。实践表明,"数字化"阅读方式多表现为不求甚解的"浅阅读"以及不系统的"碎片化阅读",虽有助于人们快速和大量获取信息,却不利于人们系统了解和深入思考阅读对象。传统阅读活动中人们更易进入"深度阅读"状态,能够持续阅读较为系统化的完整的作品内容。[1] 中国人民大学贺耀敏教授发现,现在的博士生上网看资料多过读纸本书刊,他们在一般性知识掌握上拥有的信息量相当大,但系统深入的专业知识则十分贫乏。[2] 这表明,如果长期进行数字化阅读而传统阅读较少将影响人的知识结构,当代青年人知识结构受数字化阅读的影响已经较为普遍地显现出来了。由此看来,数字化阅读和传统阅读具有一定程度的互补性,传统阅读仍有着数字化阅读不可替代的价值。数字化阅读具有一定"副作用",需要人们加以重视与反思。数字化新媒体正在改变当代人的阅读方式,如果在数字化阅读流行时忽视甚至放弃传统阅读,那么我们的损失或许难以估量。

---

[1] 曾绚琦:《全民阅读的时代意义与实现途径》,《现代出版》2014 第 1 期。
[2] 陈香:《重塑图书馆与出版业在阅读革命中的新位置》,《中华读书报》2013 年 4 月 7 日。

第四节 媒介融合趋势下传统出版业的发展困境

一、媒介融合趋势下传统出版业整体上将遭遇发展瓶颈

所谓传统出版业,是指以纸质图书、期刊等印刷出版物为主要产品,并通过销售这些出版物获得经济收益支撑其发展的文化产业类型。一般而言,图书出版业是传统出版业的核心和主要组成部分,狭义上来说,在大多数场合,出版业是图书出版业的简称。从前文分析可知,从传播媒介层面来看,当代数字化媒介主要是网络媒介普及以来,由于数字化媒介传播效率更高,具有媒介功能高度融合的特征,更能够满足受众多重的传播需求,从而使越来越多的当代受众在其有限的可用于接触和使用传播媒介的时间里选择使用数字化媒介,相应地包括图书等传统媒介的使用率非常有限,并呈现出降低的趋势。另一方面,当今网络媒介上的内容资源已极为丰富,而且查询非常方便,这是传统媒介无法比拟的。以图书为例,过去人们需要从图书中获取的知识信息,现在可以很方便地从网络中查询获得,使得图书等传统媒介不再是当代受众所必需的内容信息来源,使得图书的受众群体规模及受众阅读时间都有显著降低。对于出版业而言,这意味着图书消费市场整体规模将出现下滑趋势,换言之,在媒介融合时代,以纸质图书为主要产品的传统出版业当前及未来整体上必将遭遇发展瓶颈,产业增长空间有限,甚至呈现出产业萎缩的态势。而当前,传统出版业遭遇发展瓶颈实际上很大程度上已成现实。

二、美国传统出版业的止步不前与电子书出版的快速发展

以美国这一世界第一出版强国为例。美国现代出版业有着200多年

的发展历史。当代美国图书出版业在全球图书出版业的地位举足轻重,从20世纪90年代以来,美国图书出版业规模一直稳居世界首位,但当前面临着较为严峻的发展形势,主要就在于数字化媒体的普及造成纸质图书读者的流失,使得图书消费水平难以提高,图书出版业市场空间难以拓展,市场规模难以增长。有研究表明,随着网络等数字化媒介使用率的上升,美国传统媒介的使用率徘徊不前,从每人每年在各种媒体上花费的时间来看,花费在传统媒介上的时间在2005年至2009年只增长了2.1%,且平均每人每天使用传统媒介的时间还不到1小时。[1] 显然,美国当代传统媒介使用率的发展趋势和我国大致相当。对于图书来说,从美国国民总体消费增长比例来看,传统纸质图书消费所占比例还呈现出下降趋势。[2]对于美国图书出版业整体的发展情况而言,则可从其近十几年来市场规模的变化加以考察。美国出版商协会(AAP,Associations of American Publishers)和美国书业研究集团(BISG,Book Industry Study Group)合作,每年都调查统计美国出版业的相关行业数据,其数据来自全美近2 000家出版机构,涵盖所有出版类别,能较好地反映美国出版业的整体发展趋势,数据和结论的可靠性、可信度和权威性受美国及国际出版业界普遍认可。在针对美国图书出版业开展的BookStats项目发布的年度数据中,"图书销售总额"(Book Publishing Industry Total Sales)[3]一直是反映美国图书出版业发展情况的核心指标。2000—2013年美国图书销售总额及其变化趋势如图2.10所示。

2000年,美国图书市场销售额达253.2亿美元,约占当年世界图书市场销售总额850亿美元的30%,足见其在当代世界图书出版业中的领先地位。2003年美国出版业图书销售额达到前所未有的历史高点278亿

---

[1] 吕建生:《美国出版业的现状与发展趋势初探》,《大学出版》2008年第2期。
[2] 同上。
[3] 该项指标通常也被业界视为被调查的近2000家美国出版机构的年度总销售收入,即Total Revenue。

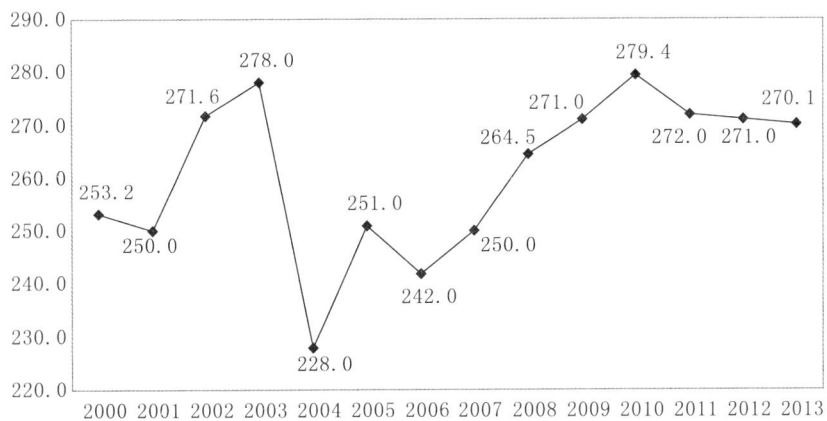

图 2.10 美国出版业图书销售总额变化趋势(单位:亿美元)

美元,但 2004 年为应对网络媒介的冲击和阅读的下滑,美国的传统出版公司采取了增加出版种数和提高价格等措施,但当年图书销售总额相比 2003 年仍大幅下滑。2005 年美国图书销售总额回升,2006 年稍有下滑后直到 2010 年均持续增长,但一直到 2009 年美国图书出版业图书销售总额均未达到 2003 年的水平。2010 年,美国经济从 2007—2008 年爆发的世界金融危机中回暖复苏,美国图书出版业在一定程度上受益于美国总体经济状况的恢复,图书销售总额达到了一个新的历史高点 279.4 亿美元,但此后三年则出现连续下降的趋势。纵观 2000—2012 年美国图书销售总额的发展趋势,从 2000 年的 253.2 亿美元到 2012 年的 271 亿美元,12 年间,美国图书出版业的整体市场规模虽有提升但极为有限,仅为 7%。相比之下,从 1990 年至 2001 年的 11 年间,美国图书总销售额从 150 亿美元增长到 250 亿美元,增长了约 67%。[①] 而 2000 年后,世界范围内网络等数字化媒介开始进入持续高速普及阶段,受众大幅迁移到数字化媒介,这与美国图书出版业规模难以增长有直接关系。

---

① 陈冰:《纸的时代结束了》,http://www.ituring.com.cn/article/26021.

值得注意的是,美国出版商协会的 BookStats 数据中的"图书销售总额"指标并非仅统计纸质图书,还包括了电子书(e-book)的销售数据,这里的电子书主要指出版社出版的图书的数字化版本。互联网发轫于美国,美国互联网产业非常发达。互联网是近 20 年来美国经济发展的重要增长点。美国的网络等数字化媒介普及率在世界范围内也处于领先水平。美国 IT 企业及出版企业于 20 世纪 90 年代在全球率先研发电子书相关技术,逐渐掌握和拥有了电子书的核心技术及相关技术标准,如美国 Adobe 公司研发的 PDF 电子文档格式,实际上早已成为世界范围内普遍认可和使用的电子书格式标准。21 世纪初,为顺应媒介融合条件下数字化阅读快速超越传统阅读的发展趋势,美国互联网业和出版业逐步探索电子书出版商业模式,经亚马逊、苹果及谷歌等信息技术与互联网服务提供商的开拓,借助美国较为完善的数字版权保护体系和发达的出版消费市场,近年来,美国电子书产业链逐渐形成与完善,同时也在世界范围内率先形成电子书出版的盈利模式。进入 21 世纪以来,美国出版市场电子书销售额高速增长,尤其是近几年来,电子书销售额激增。根据美国出版商协会公布的数据,2001 年,美国电子书总销售额仅有 20 万美元,到 2005 年就增加到 1 200 万美元,4 年间增长了 60 倍,而到了 2010 年,美国电子书总销售额增加到 8.69 亿美元,比 2005 年又增长了近 70 倍,2011 年,美国电子书总销售额达到 20.7 亿美元,比 2010 年增长了 38.2%,从 2001 年到 2011 年仅十年间,美国电子书销售市场从 20 万美元发展到 20.7 亿美元的规模,销量增长了一万余倍。[①] 2012 年以来,美国电子书总销售额仍显现出持续增长的态势。

在美国电子书销售规模快速增长的同时,其销售额在美国图书出版业总营收中所占份额也在持续快速提高。根据美国出版商协会的调查报

---

① 陈冰:《纸的时代结束了》,http://www.ituring.com.cn/article/26021。

告（StatShot Report），2002—2012 年约十年间美国出版商（Trade publishers，主要从事大众出版的出版商）①电子书销售额在其图书净营收总额（Net Revenue）中的占比分布如表 2.2 所示。其中，2006—2012 年间电子书销售额占比的增长趋势如图 2.11 所示。

表 2.2　2002—2012 年美国出版商电子书销售额在净营收总额中的占比

年度	2002	2003	2004	2005	2006	2007	2008	2009	2010	2011	2012
电子书占比（%）	0.05	0.16	0.25	0.32	0.50	0.58	1.19	3.20	8.32	16.98	22.55

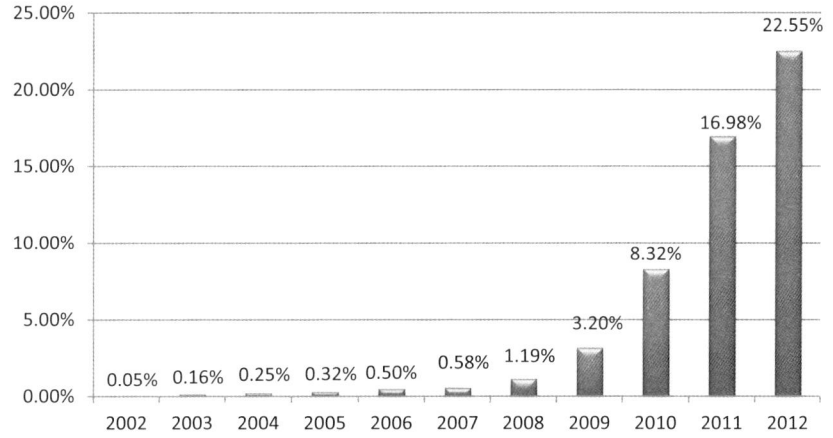

图 2.11　美国出版商电子书销售额在净收入总额中占比的变化趋势

根据电子书销售额在美国出版商净营收总额中的占比分布及变化趋势，我们可以看到，2009 年是美国图书市场发展的一个重要拐点，2009 年之前，电子书销售收入在美国出版商年度净营收总额中占比极低，2009 年后电子书销售收入占出版商年度净营收总额的比例快速提升，到 2012

---

① 此处 APP 的调查在 2012 年度涵盖约美国 1 193 家出版机构，机构数低于 BookStats。统计出版类别涉及成人小说及非小说类，儿童与青少年读物，宗教图书。

年已达到22.55%。另据统计,到2012年,美国西蒙-舒斯特、企鹅、哈珀-柯林斯等大型出版公司的电子书销售额均达到或超过其总销售额的20%。考虑到美国电子书平均售价不到纸质图书平均售价的三分之一,要达到同样的销售额,电子书的销售册数约需超过纸质图书三倍,因此,对于美国大型出版公司,其同一品种图书的电子书销售册数已不低于甚至超过其纸质版本的销售册数。销售册数直接反映了读者的阅读量,是读者阅读消费更为真实的反映,[①]由此可见,至2012年,在美国,电子图书的销售量或阅读量已到达了超越纸质图书的发展拐点。

如果考虑到美国图书总销售额中电子书的份额,我们看到,在2009年之前,电子书销售额在图书总销售额中占比极少,图书总销售额可近似视为等于纸质图书的销售额,年份越靠前,近似度越高,2001年美国图书总销售额为250亿美元,电子书销售额仅为20万美元,在图书总销售额中基本可以忽略不计,直至2006年情况依然如此。在电子书销售额大幅增加的2010—2012年间,纸质图书的销售总额需用图书销售总额数据减去电子书销售额,则分别最多为270.7亿美元、251.3亿美元、240.6亿美元,这样,单纯从纸质图书的销售额看,2010年美国经济回暖后,纸质图书消费需求经积压后补偿式释放所达到的270.7亿美元仍未达到2003年的278亿美元的历史高点。而2011年、2012年美国纸质图书销售额不仅呈现下降趋势,甚至低于2000年的253.2亿美元,可见,2000年到2012年间,美国出版业传统纸质图书的市场规模实际上总体呈现出缩减的趋势。

由此看来,近年来,美国图书出版业已经遭遇发展瓶颈,主要体现在传统纸质图书销售规模的徘徊不前甚至下降,而网络等数字化媒介使用率的提高导致传统阅读率下降和读者流失是美国纸质图书出版面临危机

---

① 陈冰:《纸的时代结束了》,http://www.ituring.com.cn/article/26021.

的重要原因。但我们也看到,美国图书出版业已成功地探索出电子书出版的商业盈利模式和产业链,并使电子书成为新的产业增长点。回顾20世纪30年代,电波"新媒介"电视开始在美国普及,也造成大量图书读者流失,使得美国出版业受到很大冲击;20世纪30年代正值美国经济危机期间,两方面因素使得美国40%的出版社倒闭。正是在这样的危机中,美国一些出版社创新利用电视这一"新媒介"为图书做宣传,使电视某种程度上成为出版的"加速器",从而使图书和电视达到"双赢"。[1]当前数字化媒介对图书出版业构成了威胁,发展电子书产业,重构出版产业链和价值链,使得图书和数字新媒介融合发展达到"双赢",再一次成为美国出版业开拓新的发展空间的有效途径。

三、中国出版业面临的增长方式困境

1. 改革开放后中国出版业的发展情况及影响因素

中国出版业不仅受人类社会传播媒介发展大趋势的影响,也与中国政治、经济、社会与文化的发展有着密切联系,在一定程度上有着自身的特殊性和独有的发展轨迹。自1978年中国实施改革开放至今30余年,中国当代出版业获得显著发展。这一过程中,中国出版业不断深化自身改革,逐步实现体制机制、管理方式的变革,出版生产力不断得到释放,尤其是20世纪90年代初中国经济全面进入社会主义市场经济发展阶段后,中国出版业市场化和产业化程度不断增强,产业规模不断提升。具体考察中国当代图书出版业及图书市场自改革开放以来的发展历程,我国学者陈昕2006年指出,1978年到2006年可以划分为三个发展阶段。[2]

---

[1] 孙月沐主编:《中国书业年度报告(2009~2010)》,商务印书馆2010年版,第3页。
[2] 陈昕:《中国出版产业论稿》,复旦大学出版社2006年版,第27页。

(1) 超常规增长阶段(1978—1985年)

十年"文革"严重阻碍了中国图书出版业的正常发展,"文革"结束时图书市场基本处于"书荒"的状态。改革开放伊始,中国民众急切希望多学习了解文化科学知识和外部世界的发展信息,有着强烈而巨大的图书阅读需求,使当时的图书市场严重供不应求。为缓解这一局面,国家出版局一方面组织国内出版系统大力开发新书,另一方面对"文革"前出版的中外文学名著等类图书进行修订、重印,扩大图书产能。1978年劳动节这些图书在北京、上海等国内大中城市统一上市销售,出现了大量读者通宵达旦在书店门口排队求购图书的情景,国人被长期压抑的读书需求一时集中释放出来。极为旺盛的阅读需求迅速拉动了图书市场规模的扩大,使得1978—1985年间出现了图书印数达到几十万册,甚至几百万、上千万册,仅八年图书出版总印数就翻了一番的超常规发展现象,中国图书出版业处于典型的卖方市场阶段。[①] 这一阶段,报刊、广播等其他媒介事业也获得恢复和发展,电视开始在中国普及,但拥有电视机的普通家庭尚不多,电视节目内容也非常有限,书报刊等纸质印刷媒介实际上是中国民众获取知识文化内容的主要渠道。

(2) 调整与徘徊阶段(1986—1994年)

1985年后,虽然出版系统生产能力不断提升,市场供给能力不断增强,但中国图书市场高增长的态势已难以为继,图书销量迅速下降,市场逐渐出现卖书难的现象,出版社出版的图书平均印数迅速下降,图书出版成本上升,图书价格上涨,但利润下降,且库存开始猛增,中国出版业一时陷入困境。图书市场这一骤变与国民阅读的需求出现了普遍的停滞和下降直接相关,数据显示,中国城镇居民日常消费总额中书报费在1984年到达顶峰后迅速下降,到1988年下降了28%,这表明中国图书市场转为

[①] 陈昕:《中国出版产业论稿》,复旦大学出版社2006年版,第27页。

买方市场。① 造成图书阅读和购买需求下降的原因首先是 1985 年中国经济出现通货膨胀,导致居民收入水平下降,影响了图书作为非生活必需品的需求和消费,而当时图书价格的普遍上涨更是加剧了图书购买量的降低。其次,20 世纪 80 年代后期,电视机在我国城乡居民家庭中快速普及,20 世纪 80 年代末 90 年代初这段时间也是我国电视事业高速发展的时期,有线电视、卫星电视基础设施建设在全国各地区进展迅速,收视用户规模快速增长,电视节目资源日益丰富,这使得在极短的时间内,电视媒介成为我国城乡大众获取信息、休闲娱乐的首选媒介,书报刊等印刷媒体的消费需求则受到电视的严重挤压而快速下降。这一阶段出版业的危机也暴露了计划经济体制下我国出版业不顾需求变化而盲目生产,图书生产与读者需求总体脱节的弊端,这使我国出版界深刻认识到买方力量对图书市场的成长具有巨大的影响。② 为应对新的市场形势和解决出版业自身的问题,在政府主管部门的支持推动下,我国出版业主要采取两项措施进行产业调整。首先是 1988 年起出版社获得自办发行权,即图书总发行权,结束了新华书店系统统一发行的原有发行机制,这有助于出版社直接面对与采取措施降低销售风险和库存压力。其次是 1988 年起政府主管部门开始推动出版体制改革,出版社开始由单纯的事业单位体制转变为事业单位企业化管理,以促进出版社提高市场意识和管理水平,提高参与市场竞争的能力,但这一改革直至 1994 年才基本得以完成。

(3) 新的增长阶段(1995—2006 年)③

进入 20 世纪 90 年代,随着国家宏观经济调控措施的有效实施,以及大力发展社会主义市场经济所带来的国民经济的快速发展,我国宏观经

---

① 陈昕:《中国出版产业论稿》,复旦大学出版社 2006 年版,第 27 页。
② 同上书,第 41 页。
③ 陈昕原文指出,新的增长阶段时间跨度为"1995 年至今",陈昕对于我国图书出版业划分的研究成果发表于 2006 年,因此"至今"严格来说应是至 2006 年。

济发展状况持续向好,进入到高速增长时期,国民收入水平稳步上升,国民日常消费水平和购买力也逐步提高,出版业有了非常良好的外部发展环境。同时,出版业一系列改革和调整举措的逐步深入推进,逐渐显现出成效,1995年起我国图书出版业又进入了新的增长阶段,图书生产与销售规模均稳步快速提高,图书出版产业规模也进一步扩大,表明中国图书出版业已进了一个新的成长周期。在这一阶段,中国图书出版产业市场化水平不断提高,行业与企业管理也得到完善和加强,出版单位市场竞争能力得到提高。很多出版单位逐渐能够正确地把握市场经济的运行规律,通过优化和调整出书结构、明确市场定位、提高营销手段及树立品牌等方式来适应市场、占领市场,不断扩大规模和增强实力,在这一阶段我国出版业出现了一批销售规模超亿元的强社。[①] 数据统计显示,从1994年至2005年,中国出版业图书品种由103 836种增长到222 473种,图书总印张数由297.16亿增长到493.29亿,定价总金额由177.67亿元增长到632.28亿元,分别增长了114.25%、66.00%和255.89%,表现出高速增长的态势。[②] 到1999年,我国第一家出版集团——上海世纪出版集团成立运行,标志着我国出版业步入通过集团化来提高产业集中度的阶段。从2003年起,新一轮的文化体制改革措施也开始制定和启动试点,出版单位转企改制工作开始拉开序幕。

陈昕对于1978—2006年间我国当代图书出版业阶段划分及各阶段图书出版业发展特征的分析反映了我国当代图书出版业的发展轨迹,以及一系列影响图书出版业发展的社会因素。2006年以后,我国出版业规模仍然呈现出较快的发展势头,据统计,至2009年,中国新闻出版业总产出已超万亿元,2010年统计表明,中国图书出版品种与出版总量已居世界第一,电子出版、网络学术出版总量居世界第二,印刷业总产值居世界

[①] 陈昕:《中国出版产业论稿》,复旦大学出版社2006年版,第48页。
[②] 同上书,第46页。

第三。生产能力和产出总量都表明,中国已成为世界首屈一指的出版大国。《新闻出版业"十二五"时期发展规划》指出,中国出版业已成为文化产业的主力军,国民经济增长的新亮点。[①] 2009年以来,中国出版业全面实施新闻出版体制改革,这是中国当代出版业面临的最深刻的生产关系层次的变革,通过转企改制,中国出版发行机构由事业单位转变为现代企业,成为真正的市场主体,按照市场化、产业化、集团化发展道路加快发展,做大做强,参与国际竞争,基于这一良好的发展态势,2010年,中国还确立了"向新闻出版强国迈进"的战略发展目标。

2.当前中国出版业已陷入"滞胀"

我国图书出版业经过1995年至2006年间新的快速发展后,虽然目前产业规模仍然保持着增长势头,但相关产业发展数据显示,图书出版业目前正面临着发展瓶颈,我国图书出版业规模的进一步扩张和"做大做强"事实上存在一定困难。反映我国图书出版业2005—2014年产业规模变化的出版总品种数、总印数及总印张数统计如表2.3所示,变化趋势如图2.12所示。[②]

表2.3　2005—2014年我国图书出版产业规模统计

	品种数(种)	总印张数(亿)	总印数(亿册/亿张)	平均印数(千册/千张)
2005	222 473	493.29	64.66	29.064
2006	233 971	511.96	64.08	27.388
2007	248 283	486.51	62.93	25.346
2008	275 668	560.73	69.36	25.161
2009	301 719	565.50	70.37	23.323

---

① 《新闻出版业"十二五"时期发展规划》,http://gov.cn/gongbao/content/2011/content_1987387.htm。
② 数据来源:国家新闻出版广电总局(原新闻出版总署)2005—2014年度"全国新闻出版业基本情况"统计数据。

续表

	品种数（种）	总印张数（亿）	总印数（亿册/亿张）	平均印数（千册/千张）
2010	328 387	606.33	71.71	21.837
2011	369 523	634.51	77.05	20.851
2012	414 005	666.99	79.25	19.142
2013	444 427	712.58	83.10	18.698
2014	448 431	704.25	81.85	18.253

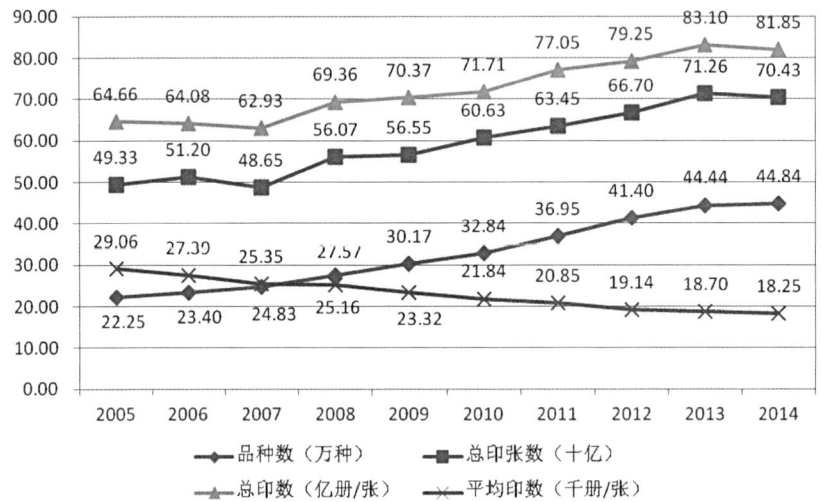

图 2.12　2005—2012 年度中国图书出版产业整体规模发展趋势

图书出版总品种数、总印张数、总印数是衡量中国图书出版产业规模的三个最重要指标。由表 2.3 可知，2005—2014 年间，我国图书出版总品种数、总印张数和总印数在总体上呈现出持续增长的势头，但增长幅度有差异。2014 年总品种数比 2005 年增长了 101.6%，表明我国图书出版总体规模在这八年间高速扩张。同时，2014 年图书总印张数比 2005 年增长了 42.8%，2014 年总印数比 2005 年增长了 26.6%。二者增长幅度均远低于图书出版总品种数，尤其是图书总印数增长幅度并不算高，十年间年均增长仅 2.7% 左右。可以看到图书总品种数与总印数增长非常不对称，如果通过每年总品种数和总印数求得当年的平均印数，我们就可以看到，我国图书出版平均印数实际上呈现出持续快速下降的趋势，从 2005 年的 29.064 千册(张)下降到 2014 年的 18.253 千册(张)，2014 年比 2005 年下降了 37.2%，超过三分之一。对于单个品种的图书出版而言，其利润率与其印数具有正相关的关系，印数越高，则利润率越高；印数不高，则利润率也不高。平均印数的下降意味我国图书出版业单品种平均利润率持续快速走低，图书出版利润逐步摊薄，故而近年来我国图书出版成本是持续上升的。这意味着我国出版企业在 2005—2014 年期间的盈利情况总体上是趋于变差的，出版社盈利越来越困难，由于单品种出版利润走低，出版社只能靠扩大出版品种规模来获得一定的利润。但扩大出版品种又带来了进一步的平均印数下降、成本上升和利润率下降，实际上陷入了一种缓慢的恶性循环。

对于中国图书出版业的上述发展症结，有学者认为，中国图书出版业实际上进入了"滞胀"阶段，出现了较为严重的泡沫，危及产业的进一步健康发展。[1] "滞胀"(Stagflation)即"膨胀性衰退"，[2] 是一种市场表现出通货膨胀这一经济增长期的特征，经济发展状况实则停滞、衰退或萧条的现象。图书出版业出现"滞胀"，具体表现是图书出版总品种和总码洋大幅增长，但图书实际销售没有明显增加，出版企业盈利水平趋于下降。2005 年，我国出版人巢峰即指出自 20 世纪 90 年代下半叶起，在我国国民经济高速发展的同时，图书出版业却出现了滞胀现象。[3] 这引起学界和业界普遍关注，并引起一定争议。我国出版人李昕于 2013 年再次提出，中国出版业正陷入"滞胀"困境。他认为图书出版业"滞胀"的出现，与一

---

[1] 陈昕:《中国出版产业论稿》，复旦大学出版社 2006 年版，第 52 页。
[2] 巢峰:《中国图书出版业的滞胀现象——兼论出版改革的症结所在》，《编辑学刊》2005 年第 1 期。
[3] 同上

味产业化的导向有关。产业化的核心内涵包括"规模化"和"市场化",产业化中出版社纷纷"做大做强",比拼规模和经济效益,其结果就是给出版业带来严重泡沫。①尽管中国图书出版业是否进入"滞胀"阶段是存在争议的,但巢峰、李昕等所指出的显示"滞胀"发生的一些特征现象和问题确是我国出版业目前现实存在的,例如巢峰列举了我国当代图书出版业发生滞胀的十大具体表现:(1)图书品种急剧上升,每种年平均销售册(张)数急剧下降。(2)图书销售册(张)数增长率远远低于国内生产总值增长率;图书销售册(张)数,从1999年就开始呈下滑趋势。(3)人均年购书册数20多年变化不大,近年已呈下滑趋势。(4)图书总定价增长远远高于总印张增长。(5)图书出版成本年年上涨,居高不下。(6)出版利润停滞不前,已呈下滑趋势。(7)图书发行折扣愈打愈大,图书退货率不断上升。(8)图书货款结算期愈来愈长,信用危机愈演愈烈。(9)图书销售设施(书店面积)大幅度增加,销售成本不断提高。(10)图书库存金额直线上升,资金周转奇慢。② 巢峰列举的这些现象确实不同程度地存在于当前的中国图书出版产业,业界普遍有着同感。这表明中国图书出版业目前"繁荣"的表象下确实真切地面临着发展瓶颈。总体而言,在当前的发展模式下,我国图书出版业的扩张并非是"健康"和可持续的,"做大做强"将面临很多现实制约,并不易实现。

3. 中国图书消费水平下降与互联网的普及有关

巢峰所提中国出版业的"滞胀"表现中有关人均年购书册数20多年间无明显增长甚至于近年下滑的现象值得注意。国民人均年购书册数是衡量所观测年度图书市场消费状况的重要指标,人均年购书册数的增长,意味着国民购书和读书的需求在整体提高,这是图书出版业发展的根本

---

① 李昕:《滞胀:中国出版业面临的困境》,《现代出版》2013年第3期。
② 巢峰:《出版业存在十大滞胀现象》,《编辑之友》2008年第11期。

动力。1986—1994年间我国出版业的调整与徘徊的产业历史已经表明了国民阅读需求这一买方力量对于图书市场的成长具有决定性作用。如果人均年购书册数停滞不前,即使图书出版品种和总量增长,增量也无法转换为销量,结果必然导致大量图书滞销,或出版企业库存普遍增加,实际上就表明了图书出版业已经产能过剩,存在产业泡沫,其产业规模必然难以实现有效增长。改革开放以来,我国国民人均年购书册数在1978—1985年间超常规增长阶段中曾快速增长,由1978年的年人均3.9本增长至1985年的6.3本,这一阶段我国国民购书读书需求十分旺盛,是拉动这一阶段我国出版业高速增长的重要原因。然而,1985年人均年购书册数6.3本事实上成为了一个历史高点,迄今我国国民人均年购书册数也未达到1985年的水平。此后在1986—1994年间的出版业调整阶段中人均年购书册数整体偏低。1995年后随着我国图书出版业进入新的增长阶段后,人均年购书册数于1997年回升到5.9册的水平,但此后再次徘徊不前,[①]至2011年仅为5.72册,低于1997年的水平,更远低于发达国家同期水平。20世纪90年代末以来,我国国民购书读书需求持续低迷,甚至有缓慢下降的趋势,国民人均年购书册数的缓慢下降必然导致图书市场总销售量的相应下降,然而这一段时间我国图书出版品种规模持续快速增长,进一步说明我国图书出版业生产过剩、产业泡沫严重。这一阶段国民购书需求下降的原因有别于1985年我国经济通货膨胀导致的国民收入水平下降,20世纪90年代末以来我国国民经济水平持续保持高位运行,年均GDP增长率均不低于8%,国民收入水平整体是不断提升的,显然另有原因。

事实上,1997年左右正是中国普通民众接触和使用互联网的开端。中国于1994年4月20日实现与互联网的连接,被国际上正式承认为真

---

① 巢峰:《出版业存在十大滞胀现象》,《编辑之友》2008年第11期。

正拥有全功能互联网的国家,这一事件同时被国家统计公报列为中国1994年重大科技成就之一。[①] 但中国在建设国内互联网的早期阶段,并未向普通民众开放网络连接服务,互联网使用范围仅限于教育科研领域及有关政府部门。直到1996年1月中国公用计算机互联网(CHINANET)全国骨干网建成并正式开通,全国范围内的公用计算机互联网络才开始为一般用户提供互联网接入服务,标志着互联网在中国开始了普及进程。此后互联网在中国快速普及,使用互联网的用户被称为"网民",显示了使用互联网的用户规模日益庞大。中国网民规模从1997年到2015年的增长趋势如图2.13所示。

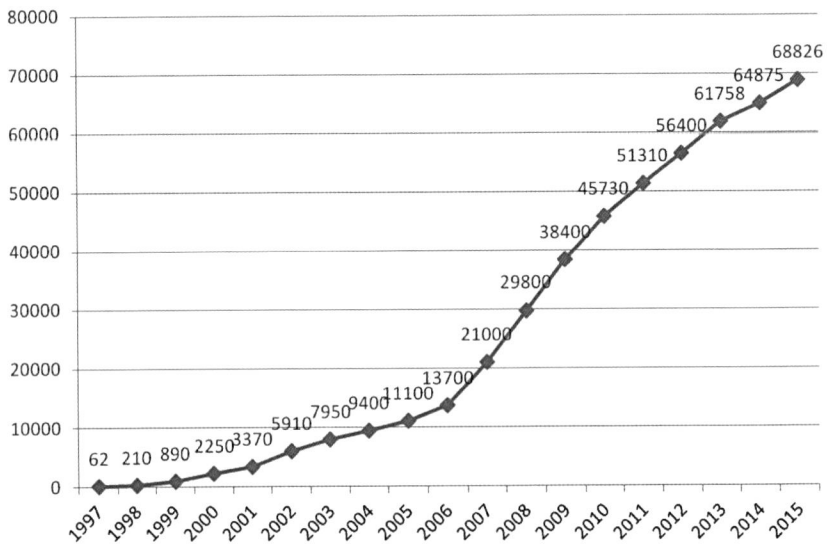

数据来源:中国互联网络发展状况统计报告,1997—2013

图2.13 1997—2015年间中国网民规模增长曲线(单位:万人)

[①] 《1994年—1996年互联网大事记》,http://www.cnnic.cn/hlwfzyj/hlwdsj/201206/t20120612_27415.htm.

1997年年底,中国互联网用户仅62万,从全国范围来看,互联网用户还非常少。1997年后中国网民规模快速增大,到2000年每年约翻三番,此后平稳快速增长,到2006年网民规模达到1.37亿人,中国互联网普及率达到10.5%,所谓互联网普及率是互联网用户人数在所统计地区内总人口数中的占比。① 2006年10.5%的互联网普及率并不高,但根据美国学者罗杰斯的创新扩散理论,创新扩散曲线通常呈S形分布和发展,创新扩散之初,扩散过程会表现为平缓增长,当扩散率达到一定程度后,扩散过程会加快,直至再达到一定扩散率之后才会慢下来。② 互联网普及率的增长符合创新扩散规律,美国和韩国等国家的互联网普及率的增长规律表明,当互联网普及率达到10%以上时,网民规模及网络普及率会加速增长。事实证明,2006年同样也是我国网民规模和互联网普及率增长的一个拐点,此后我国网民规模和互联网普及率加速增长,直到2015年年底均呈现出高速增长的态势,2010年后,增速稍有放缓,这同样符合创新扩散规律。我国2005年至2015年间的互联网普及率随网民规模增长的趋势如图2.14所示。截至2015年年底,我国网民达到6.88亿人,而互联网普及率达到50.3%,③表明我国城乡居民使用网络已经非常普遍,根据目前的增长趋势,我国互联网普及率还将进一步提高,且还有较大提升空间。

1997年以来,我国国民人均年购书册数指标的停滞不前、呈缓慢下降趋势与我国互联网普及率的快速提升有密切关系。根据前文的分析,作为一种数字化的新媒介,网络的传播效率在各方面均高于印刷媒介如书报刊、电波媒介如广播和电视,作为媒介使用者,一般而言会选用传播效率高的媒介来获取或传播信息。更重要的是,网络具有高度的媒介融

---

① 中国互联网信息中心:《中国互联网络发展状况统计报告》,http://www.cnnic.cn/hlwfzyj。
② 〔美〕E. M. 罗杰斯:《创新的扩散》,辛欣译,中央编译出版社2002年版。
③ 中国互联网信息中心:《中国互联网络发展状况统计报告》,http://www.cnnic.cn/hlwfzyj。

图片来源:中国互联网络发展状况统计报告,2016

图 2.14　2005—2015 年互联网普及率变化趋势

合特征,是一种融合媒介,几乎集成了所有传播媒介的传播功能,使得在功能上网络媒介具有了替代传统媒介的可能性。这必然导致网络媒介使用率越来越高,使用者越来越多,而传统媒介使用率趋于降低,使用者趋于减少。从内容资源角度看,由于网络上的内容资源的生产和生成具有大众化的特征,使得其内容资源增长极快,目前已非常丰富。大量以往需要从传统媒介获取的信息内容,在网络媒介中,可以通过搜索引擎快速地搜寻获取,使得人们无须再使用传统媒介来获得相同的内容,也必然使得传统媒介逐渐被人们旁置,其使用需求和使用率均趋于下降。对于传统传媒产业而言,意味着其用户资源和市场销售规模因受到网络媒介的争夺而难以实现增长,甚至萎缩。

　　从对各种媒介的使用时间对比上,也可以看出网络媒介的使用率已高于传统媒介,尤其远高于图书、期刊和报纸等印刷媒介。2010—2015 年我国网民人均每周使用网络媒介的时间如图 2.15 所示。近年来,我国网民上网时长不断增加,2010 年我国网民人均每周上网时长为 18.3 小时,人均每天上网时长则约为 2.61 小时,2015 年我国网民人均每周上网时长增长至26.2小时,比2012年增长了7.9小时,人均每天上网时长达到约3.74小时。网民上网时长的增加与数字化传播终端、网络传播技术水平的提升有关,近年来,Wi-Fi和3G/4G无线网络快速发展,智能手机和平板电脑等上网终端性能快速提升,这些都有助于人们随时随地使用网络媒介,使得网民用于上网的时间更多。随着上网时间的增多,网民将逐渐从碎片化阅读与信息获取转向用时较长的网络内容与服务的使用,这又进一步增强了网民对网络媒介的黏性。① 相比之下,根据我国国民阅读调查数据,2015年度,我国成年国民人均每天阅读纸质图书时长仅为19.69分钟,远低于网民人均每天上网时长。由于人们每天能够用于使用媒介的时间是有限的,如果网络媒介使用时间较长,必然会挤压其使用传统媒介的时间,对于图书而言,就意味着人们阅读图书的时间减少,图书的购买需求和购买量也必然随之下降。这对于图书出版业必然意味着图书总体销量的下降和产业总体盈利水平的下降,在这种趋势下,图书出版业规模也将难以"做大做强"。

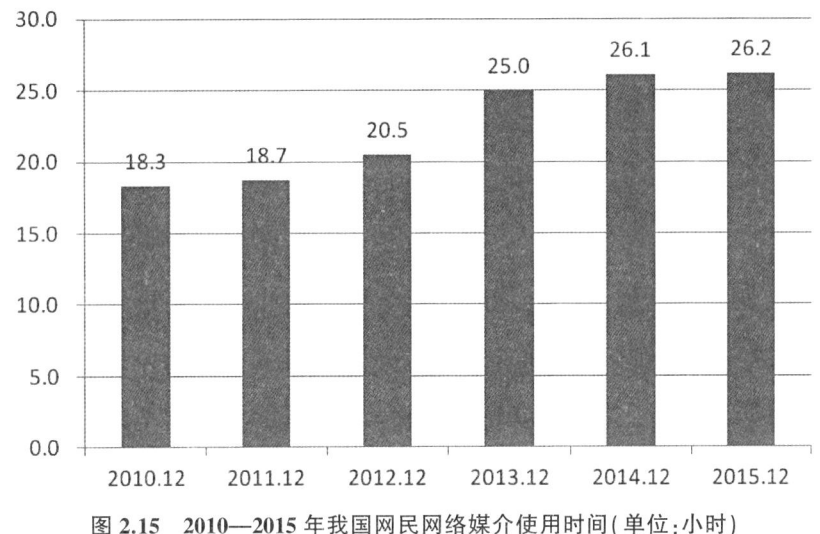

图 2.15　2010—2015 年我国网民网络媒介使用时间(单位:小时)

---

① 中国互联网信息中心:《中国互联网络发展状况统计报告》,http://www.cnnic.cn/hlwfzyj.

需要说明的是,目前我国图书出版业总体仍属于传统纸质图书出版业范畴。与美国电子书产业增长迅速,销售额在图书出版业整体收益中占比越来越显著不同,我国电子书出版业并未发展壮大。其原因是多方面的,我国当前的产业环境下,业界未找到可靠的电子书出版盈利模式,也未形成电子书出版的完整产业链,同时我国数字版权保护水平不高,电子书易遭盗版,使得出版社蒙受巨大损失,读者对于电子书的阅读习惯也未形成。目前,虽然不少出版社尝试在出版纸质图书的同时,将其数字版本即电子书同时出售,但销售额总体均非常低,甚至于远低于其纸质版本的销售额,在总销售额中占比微不足道,这也使得出版社出版电子书的动力不足。总体而言,电子书出版目前远未成为我国图书出版业的增长点。总而言之,在目前体现为网络媒介快速普及的媒介融合趋势下,纸质图书消费市场持续低迷的发展态势已使得我国图书出版业的进一步发展面临瓶颈。

本章小结

传播效率界定为传播媒介满足人们传播需求的效能。基于数字信息处理技术的网络成为迄今人类所创造的传播功能最综合、传播效率最高的媒介;在网络媒介条件下,文化内容生产趋于大众化,导致网络上的信息内容资源极为丰富;这使得网络逐渐成为广大受众的首选媒介,网络媒介用户群规模快速增长,而传统媒介用户群规模则难以增长,甚至下降。阅读调查表明,互联网普及以来,图书等印刷媒介受众群体规模总体趋于减少,受众使用网络媒介的时间显著多于图书等印刷媒介。反映在产业上,中外传统出版业已面临发展瓶颈,规模难以增长。美国出版业的产业实践表明,属于数字媒介的电子书出版在技术与市场条件成熟的情况下能够成为图书出版业新的增长点。

第3章 媒介融合中出版业的变迁历程

第一节 传统出版工作环节及出版媒介的数字化

英国学者西蒙·穆雷(Simone Murray)认为,媒介融合进程涵盖了传统媒介的数字化改造和传统媒介内容从传统媒介向网络平台迁移的过程。出版是现代人类社会知识生产和传播的重要方式之一,数字技术的应用也给当代出版业带来了深刻变革。20世纪90年代,计算机和网络技术等在出版工作中得到普遍应用,使传统出版业务流程、生产方式、经营管理理念与手段都发生了深刻的数字化变革。在出版领域,传统媒介的数字化改造表现为传统出版工作环节的数字化,及数字技术对出版业生产经营的影响和改造,传统媒介内容从传统媒介向网络平台迁移则表现为出版媒介数字化,使得数字出版成为新业态。

一、数字技术对出版业生产经营的影响与改造

1. 数字技术在编辑出版流程中的应用

在编辑环节,计算机及网络的运用使图书编辑过程和手段实现数字化。在选题策划阶段,编辑可以通过互联网获取选题构思与设计所需的信息。在组稿阶段,编辑可以通过网络联系作者并传输与处理稿件。在审稿与编辑加工阶段,审稿流程可以在线进行,并可以利用校对软件提高稿件校对效率。数字技术的应用,不仅提高了图书编辑工作的质量,而且大大提高了工作效率。在装帧与版式设计环节,专业图像处理及排版软件的使用使得版式设计与编排工作不再繁琐费时,不但拓展了设计与排版手段,也提高了图书装帧的精美度。图书发行营销环节的工作模式也因互联网而发生根本变化,网络营销和电子商务手段逐渐得到充分运用,电子商务平台直接改变了传统的店铺售卖方式。网络开始成为主要的图书零售渠道,如亚马逊网站(amazon.com)和当当网(dangdang.com)等著名网上书店。绝大多数出版社还自建网站开展营销。网络营销的实现,使得图书营销人员可以通过网络联系客户和寻找市场机会,让营销成本大大降低,开发市场的效率也相应提高。

2. 数字印刷促进了按需出版的实现

印刷是传统纸质图书生产中的重要环节,数字技术使得印刷业快速走向数字化,数字印刷技术的成熟使按需印刷和按需出版得以实现。数字技术对印刷业的深刻影响始于20世纪80年代,DTP技术取代了传统分色和手工拼版,CTP使印前工作完全实现电脑化。20世纪90年代,印刷业全面采用胶片制版工艺,与铅字印刷工艺相比印刷质量和效率大大提高。20世纪90年代中后期,数字印刷技术逐步受到重视和发展。数

字印刷省去了传统胶版印刷的繁琐工序,只需将计算机与数字印刷机相连,便可将数字文稿快速印刷出来,从而实现无版印刷和实时印刷,大大缩短了印刷周期,提高了印刷效率,并显著降低了印刷成本。数字印刷技术实现了按需印刷,能够满足逐渐扩大的个性化定制印刷与出版的市场需求,使按需出版实现产业应用。按需出版(publishing on demand)泛指根据特定需求组织出版生产的出版方式,被视为一种新的出版经营模式。在我国,知识产权出版社等出版企业在按需出版领域进行了有价值的探索。

3. 出版企业经营管理的信息化

20世纪90年代后,计算机与网络技术为出版企业实现经营管理信息化、提高经营管理效率提供了契机。出版市场的激烈竞争迫使出版企业必须具备快速反应和决策能力以赢得市场,基于数字技术的信息化手段可以有效提高出版企业的经营管理效率和竞争力。出版企业经营管理的信息化主要包括使用出版信息管理系统和构建ERP系统。

出版信息管理系统是基于数据库及网络技术的出版企业内部信息管理系统。20世纪90年代中后期,出版信息管理系统相关技术已相当成熟,在出版业中得到广泛采用,在我国,云因和广智等品牌的出版社信息管理系统及解决方案,使很多出版企业经营管理效率和质量明显提高,决策更加科学和及时。ERP(Enterprise Resource Planning)即企业资源计划,是20世纪90年代兴起的一种基于数字化信息管理技术的新型企业管理理念和手段。ERP以供应链管理作为其核心手段和理念,把企业上游的供应商与下游的经销商统一纳入企业的资源系统,并利用网络化信息系统充分整合与管理供应链和生产经营过程,使经营者能够随时了解供应、生产与销售动态,有助于企业经营效益的最大化。ERP能使现代企业充分整合内部和外部资源高效运作,有助于企业实现集团化、跨地区、跨国界运营。20世纪90年代末开始,全球规模较大的出版集团纷纷采用 ERP 解决方案。在我国,高等教育出版社、人民教育出版社等一批大型出版社积极上线 ERP 系统,效果显著。

二、数字出版形态的产生与发展

21世纪初,出版编印发流程和出版企业经营管理均总体实现了数字化,然而,数字技术对于出版业更具跨越性的影响在于出版物实现数字化,即数字出版形态的产生。

1.电子出版率先发展

20世纪80年代后,计算机领域存储技术发展迅速,高容量存储媒介 CD-ROM 得到广泛应用。90年代后,计算机系统逐渐普遍具备多媒体功能,能够综合处理文字、图像、音频和视频信息,表现图文声像并茂的内容;同时,数据库技术也快速发展,使海量数据能够高效而便捷地进行储存、维护和检索。采用 CD-ROM 存储多媒体或数据库内容,再大量复制出版与发行,即产生了产业意义上的电子出版活动:以数字方式将图文声像等信息编辑加工后存储在磁、光、电介质上,并进行复制和发行,可通过计算机等设备使用。与传统纸质出版物相比,电子出版物具有多媒体化、信息容量大、检索方便等特点。1994年起,以 CD-ROM 光盘出版物为主要产品形态的电子出版业迅速发展起来,成为出版物形态实现数字化变革的开端。但受盗版、网络冲击及用户使用习惯等因素的影响,以光盘出版为主的电子出版业难以获得足够收益,发展持续低迷,引领出版产品形态变革的地位很快让位于网络出版。

2.网络出版应运而生

20世纪末到本世纪初,互联网飞速发展,并对人类社会产生深刻影响。互联网也给人类社会信息传播产业带来了巨大变革,被称为"第四媒体"。网络出版是计算机通信网络技术与现代出版理念相结合的产物,其实质是以互联网为传播介质和流通渠道,将原始作品经过采编加工,以数字形式向网络用户提供内容产品和服务的信息传播行为。网络出版相比于书报刊等传统纸介质出版、电子出版等出版形态有了质的变化和飞跃。与传统出版相比,网络出版实现了内容生产、营销与阅读的全程数字化。与电子出版相比,网络出版生产与发行可全部在线进行,而电子出版物以光盘等作为实物载体,发行销售要借助传统实物物流。可以说,网络出版在出版领域引发了一场全新的革命。网络出版包括网络图文、互动多媒体和数据库等多种类型。网络图文出版的主要形式为电子图书。网络互动多媒体出版包括网络游戏和网络视听出版。21 世纪头十年,虽然网络音频、网络视频、网络游戏和网络数据库出版已经形成了完整产业链和有效的商业模式,并能取得显著的经济效益,但就网络出版整体而言,还没有找到完善的商业模式和盈利模式,主要原因在于版权、网络安全、阅读习惯等。

3. 新型数字出版形态不断涌现

进入 21 世纪后,数字技术新的发展使得新型信息产品、传播手段不断涌现,使得出版数字化变革进入了一个新的阶段,又出现了比网络出版更新的出版模式和出版技术。例如,近五年来,3G/4G 技术、移动互联技术和智能手机的发展引人瞩目。智能手机已成为可随身携带的、交互式的、具有多媒体功能的强大个人信息终端,甚至被视为"第五媒体",可创造一个巨大的移动出版阅读市场。另一种突破性技术是电子纸技术。电子纸在节能、阅读舒适上有突出优势。电子纸目前虽然成本高,产品尚处于初级阶段,但未来在出版业应用前景广阔。平板电脑也是有巨大市场潜力的数字阅读终端。此外,数字电视将成为高度普及的家庭数字信息终端,有助于推进家庭数字阅读。随着数字技术与产品的不断升级,数字出版产业领域近两年也突破了网络出版时代完全基于网络平台与 PC 终端、商业模式单一、盈利能力差的局限,实现了传统出版商与网络平台商合作,出版内容基于网络平台,可被 PC 外的手机、平板电脑、电纸书乃至数字电视等多元化终端有线或无线便携阅读的局面,越来越被市场接受。在商业模式上,亚马逊的平台加自有终端的电子书销售模式,苹果公司基于应用商店和市场占有率非常高的 iPhone 和 iPad 的电子书出版模式,我国中文在线以提供数字阅读产品、数字出版运营服务、数字内容增值服务为核心的全产业链式的数字出版模式均取得了商业成功,展示了数字出版无限的市场潜力,也促使传统出版行业通过数字化转型升级开展数字出版业务。

三、出版数字化及网络化发展的趋势与前景

当前的数字化出版模式涵盖传统出版企业、网络平台、电信和数码终端领域,是全媒体化的运营模式。有鉴于此,有学者提出了概括性更强的"数字出版"概念:只要使用二进制技术手段对出版的整个环节进行了操作,都是数字出版。这一概念在业界被广为接受。这表明出版业数字化已进入新的发展阶段,即数字出版阶段。在这一新的阶段,可以根据需要实施全媒体化出版。由上述出版业数字化历程我们可以看到,不断迅猛发展的数字技术已经全面而深刻地影响了出版业,数字化极大地改造了出版工作流程、产品形态、营销模式,提高了出版工作效率和质量,降低了出版经营成本。出版传播的媒介与载体越来越多样化,使得知识与信息的传播效率得到极大提高,加快推进人类社会进入信息社会和知识经济时代。我们看到,在媒介融合趋势下,出版业的数字化改造及数字出版形态的发展过程中,数字技术显然是关键的推动因素。今后数字技术将持续快速发展,并会继续推动出版技术与媒介的升级,出版业的数字化进程将向前发展,出版业在数字技术推动下的变革将越来越深入,发展数字出版新业态已成为出版业未来发展的必然趋势,具有宏大的发展前景。

四、我国数字出版业发展仍面临诸多制约因素

技术创新的速度通常快于产业与市场的形成,近年来,虽然随着数字技术的发展,数字出版技术不断创新升级,但是数字出版形成有效的产业化模式并能产生客观收入并非易事。目前,在世界第一出版强国美国,数字出版业已逐渐形成成熟的商业模式,产业链也趋于完善,数字出版已逐渐成为美国出版业新的增长点,表明数字出版业确实有良好的发展前景。但是在我国,目前影响数字出版产业发展的瓶颈因素仍然很多。我国传统出版企业在数字化转型的过程中面临的困难也非常多,以图书出版社为例,其开展数字出版业务的收入相对于纸质图书销售收入甚至微不足道,其原因是多方面的。

目前,电子书阅读器等数字阅读终端在我国的普及率远低于美国等欧美国家,我国读者还没有付费阅读数字出版物的消费习惯。在我国,数字版权保护法律法规也还不健全,使得数字出版物的盗版现象十分严重。同时,我国数字版权保护司法资源仍较为有限,还难以充分打击遏制各种数字版权侵权行为;当数字出版物版权受到侵犯后,权利人如果选择通过法律途径维权,往往面临举证难、维权成本过高、挽回的损失非常有限的窘境,导致很多被侵权的作者与出版社对法律维权望而生畏。法律层面对于数字版权保护的不完善使得数字出版业难以顺利发展。

更为关键的原因在于,我国数字出版业还不具备成熟的市场环境,难以形成完善的产业链和有效的商业模式。目前,我国出版社开展电子书业务的主要方式是借助网络平台在线售卖。出版社可自建数字出版网络平台将图书数字内容在线销售,但平台建设与维护成本非常高,非一般出版社所能承担。若出版社都自建平台运营也将导致重复建设、版权分散、产业集中度低,这与数字内容产业集约化经营的趋势是背道而驰的。因

此我国目前仅有少数非常有实力的出版社或出版集团自建平台,如清华大学出版社的"文泉书局"网站、中国出版集团的"大佳网"等。但目前这些网站市场影响力仍较为有限,难以实现盈利。事实上,目前无论在国内还是国外,真正成为数字出版产业主要平台的往往是少数几家独立运营的已形成品牌影响力的大型网络平台、提供数字内容服务的门户网站。出版社或作者可与这些平台合作,将数字内容交由平台发布与营销,收益由平台商与出版社、作者按约定比例分成。

国外具有代表性的平台有亚马逊、苹果在线商店等,我国则有中文在线、汉王书城、盛大云中书城、超星数字图书馆、京东网及当当网等电商平台的电子书商店、手机阅读基地等。这种产业模式运营集约化、规模效益显著。但是主流平台凭借其技术与资金优势,在数字出版产业链中往往居于强势地位,而作者与出版社作为出版物内容的提供者,在与平台商的交易谈判中,反而缺乏话语权与定价权,处于明显的弱势地位,导致在产业利益分配上,平台商攫取了过多的产业收益,作者与出版社则获益过少,产业利益分配非常不合理不均衡,这在我国数字出版产业中表现尤为显著。笔者曾于2012年调研发现,一些码洋数亿的出版社,在与平台商合作中,年电子书销售收入仅数十万元,与其纸质书销售收益相比,几乎可以忽略不计,中小出版社的情况更是可想而知了。不少出版社的存量图书资源提供给某数字图书馆平台,年分利仅几万元。对于作者而言,情况类似。有调查显示,我国一些畅销书作家的作品的数字版本收入与其纸质书出版后的版税收入相比,几乎不值一提,基本可以忽略不计。[①] 可以说当前出版社与作家在数字出版业务中获取的收益之低是超乎想象的。这种利益分配的失衡也与我国数字出版市场的不规范有关。现阶段,一些平台商过于贪婪,不尊重作者与出版社的权益,不惜通过不规范

[①] 陈汉辞:《维权背后作家数字版权收入调查》,《第一财经日报》2011年4月1日。

商业手段,尽力压低作者与出版社的应得经济回报。可以说,在目前的市场环境下,出版社开展图书数字版权经营难以盈利。

第二节 欧美传媒产业组织融合的总体历程与规律

英国学者西蒙·穆雷(Simone Murray)认为,20世纪90年代即出现了媒介融合第一波浪潮,主要体现为通过对主流媒体的直接收购与大规模兼并实现的跨媒体所有权的集团化。[①] 传媒企业间的并购重组及集团化发展是媒介融合在传媒产业组织层面的主要表现形式。事实上,欧美传媒企业间的并购重组在19世纪末即已出现,在20世纪不断发生,20世纪90年代欧美传媒业集团化趋势大范围显现,至今仍不断发展。

一、资本运作是传媒企业实现整合重组的主要途径

当代世界出版业版图中,占据世界出版市场份额较多的基本上是欧美国家,包括占据市场份额最大的美国,以及德国、英国和法国等。这些国家均有着完善的市场经济体系,出版业所属的传媒业领域高度产业化和市场化,传媒市场竞争激烈,各类传媒企业则是传媒市场竞争主体。从传媒业的产业组织层面来说,媒介融合主要意味着传媒企业间的整合与重组,从而实现集团化,这对于传媒企业的生存与发展往往有重大影响。现代经济学理论指出,企业作为经济组织,本质上是一种资源配置机制,能够实现社会经济资源的优化配置,降低整个社会的"交易成本",从而提高整个社会通过交易所获得的利益。传媒企业间的整合重组实际上就是传媒企业资产、传媒产业资源重新配置的过程,在欧美,这一过程主要

---

① Simone Murray:Media Convergence's Third Wave: Content Streaming,*Convergence*,2003(9):9.

是通过资本化运作方式来达成的。

西方发达资本主义国家的市场经济运行以美国推行的自由主义为主导原则,即只要符合市场交易规范、法律规范或其他重要规范的约束,任何交易均可由交易双方自由决定。在市场经济环境下,资本的交易得以成为市场配置资源的主要手段。对于企业而言,其包括有形资产和无形资产在内的所有资产都可以被货币化成为资本在市场上进行交易。例如企业资产可被估值为股份,进而通过股市进行交易。资本化的资源配置方式有助于产业资源的配置突破一些外部限制因素,提高配置效率,从而实现产业资本的最大升值。首先,资本化资源配置有助于突破不同产业门类之间的边界和壁垒,使看似无关的产业间发生产业资源的流动,使产业资源实现跨行业整合。例如,在当今文化产业成为世界范围内很多国家新的经济增长极的趋势下,大型工商业企业的资本可以进入传媒出版业等内容产业,实现资本的快速增值,而传媒出版业也可借助强大的工商业资本实现自身的跨越式发展。其次,资本化资源配置有助于突破地域和国界的限制,使产业资源实现跨地区、跨国甚至全球化配置。世界著名传媒和出版巨头如新闻集团、培生集团、贝塔斯曼等均是通过资本的跨国流通实现了全球化战略。资本手段甚至使得产业资源作为资本可以在政治体制和意识形态不同的国家间流动,尽管相对于欧美自由市场国家,这种资本流动受到严格的限制和约束。总体而言,当代欧美的产业市场资源配置效率较高,资本化运作机制的完善使得资本市场非常活跃,不同产业领域都存在相当数量的战略投资者,都能够成为欧美传媒业和出版业转型升级的重要推动力量。在这种市场条件下,欧美传媒企业间的整合重组同样较为活跃,时常发生。

在欧美产业市场,企业间的整合重组主要通过针对企业的交易——企业并购来达成,传媒业包括与出版业相关的企业亦是如此。并购是兼并与收购(Mergers and Acquisitions,简称 M&A 或 MA)的合称,是一种通过转移企业所有权或控制权的方式实现企业资本扩张和业务发展的经营手段,并购的实质是一个企业取得另一个企业的资产、股权、经营权或控制权,使一个企业直接或间接对另一个企业发生支配性的影响。并购也是企业层面资本运作的重要方式之一。① 并购是当代西方企业实现扩张与发展的主要手段之一。美国经济学家约瑟夫·E.斯蒂格利茨曾在研究美国企业的成长史后指出,纵览美国著名的企业,几乎没有哪一家不是通过某种方式、某种程度的并购而成长起来的,几乎没有一家大公司是主要靠内部积累成长壮大的。② 从20世纪初开始,在欧美等一些发达国家的企业之间就开始了大规模的联合与兼并,并出现过多次企业兼并高潮。"二战"之后,随着世界政治军事局势的相对稳定,科学技术的迅猛发展,世界经济得到了前所未有的发展,随着市场竞争的加强,一种新型的大规模企业联合组织形式——企业集团逐渐成为非常重要的产业组织形式。

企业并购是在一定目标引导下的管理活动。企业并购可能是多样化的,如实现企业发展战略、实现企业结构性调整、实现技术和产品的升级换代、实现市场份额的不断扩大、实现企业价值和资本保值增值等。③ 经济学理论认为,企业通过并购获得发展可从以下理论视角加以解释。

(1) 并购有助于企业实现规模经济。规模经济是指随着生产和经营规模的扩大收益不断递增的现象,企业规模经济是指由企业经营规模扩大给企业带来的利益。规模经济可带来多种业务间的协同效应。④ 兼并有助于企业效率的提高和规模经济效益的取得,有助于企业控制成本、创新技术和产品、扩大市场及降低经营风险,从而提高生存和发展能力。对于传媒企业而言,通过并购扩大规模有助于提高市场份额,增强对传媒市场的控制能力,是提高竞争力的有效途径。同时,通过并购可以获得更多

---

① 刘玉平、林秀香、邢俊英:《财务管理理论与实务》,中共中央党校出版社2008年版,第312页。
② 刘一宁:《兼并重组新政或掀新一轮并购潮》,《中国城乡金融报》2014年4月1日。
③ 刘玉平、林秀香、邢俊英:《财务管理理论与实务》,中共中央党校出版社2008年版,第315页。
④ 同上书,第312页。

的传媒业务,使不同传媒业务间发挥最大协同效应,从而更有效地共享和利用资源,获得更多的经营收益。

(2)并购有助于企业实现多元化或专业化经营。多元化经营指企业在多个产业领域同时经营多项不同业务,是企业发展到一定阶段,为寻求进一步发展而采取的一种成长或扩张行为。[①] 根据企业新进入的产业领域与原来所在产业领域的业务相关程度,多元化经营一般可分为相关多元化和不相关多元化两类,例如,对于传媒企业而言,如果新进入的产业领域与其原有传媒业务密切相关,可产生业务互补作用,就是相关多元化,例如传统图书出版企业开拓期刊出版业务;如果传媒企业进入了非传媒业领域,比如金融、地产类业务,则为不相关多元化发展。

一般认为,企业实施多元化策略有助于实现"范围经济",从而提高经济效益。范围经济指因增加相关业务和产品种类而导致的节约。当企业实施相关多元化,即企业经营的不同产品与业务之间具有互补性,能够相互借鉴或相互促进时,范围经济会更为显著。多元化条件下,企业还可以根据不同产品部门的市场前景与企业效益进行资源配置,以实现远期更好的总体效益。如一种产品部门市场上升时,就为其调配更多资源。这种企业内部不同产品部门间的资源配置被称为内部市场功能,能够在一定程度上实现和代替外部市场的资源配置功能。同时,多元化还可以帮助企业寻求新的成长空间,降低和分散经营风险。另一方面,多元化也会导致企业资源的分散,降低企业专业化水平,使企业难以形成核心竞争力,尤其是不相关多元化更易于带来这些风险。

与多元化相对,专业化经营即企业集中资源在单个业务领域提供产品或服务。专业化策略有助于企业在一个产品领域长期积累专业资源、形成品牌和获得竞争优势。专业化经营的局限性在于,不利于企业快速

---

① 顾永才:《我国出版企业的多元化与专业化经营之辩》,《现代出版》2013年第5期。

扩大规模;易于被竞争者群起模仿从而丧失市场份额;易浪费企业剩余能力和资源;易于错失其他业务领域的发展机会;尤其当所经营的业务领域市场前景收窄时,将面临较大风险。企业规模增长到一定程度时,往往会面临选择多元化还是专业化的两难困惑,需要企业准确判断市场发展趋势,根据自身资源条件和发展定位加以取舍。企业专业化的过程,就是企业的职能不断地分离出去,由其他专业化的企业承担这些职能的过程。[①]企业多元化经营可通过并购快速实现,企业专业化事实上也可通过并购手段实现,只不过是出售自身非专业资产,即被其他企业并购部分资产、股权、经营权或控制权。

(3)并购有助于企业获得外部发展优势。企业并购是一种外部发展方式,相对于内部积累式的发展,优势首先体现在发展速度快、效率高、风险低,可以降低投资成本,其次可以有效地冲破行业壁垒进入新的行业领域。此外,通过并购可获得被并购企业的各种资产,还能获得其生产能力和积累的所有经验。

二、大型传媒集团是推动传媒企业并购的主导力量

在美国等欧美国家,传媒类企业在长期的发展过程中,相互之间通过并购等资本手段反复开展合纵连横般的整合重组,逐渐形成了一些大型传媒集团。其中的出版传媒集团已成为欧美国家出版业的产业中坚力量和领航者,同时也是欧美乃至全球出版业的主要战略投资者,主导着当代欧美乃至全球出版市场相关企业的整合与重组。

传媒集团是众多传媒企业的联合体,出版传媒集团则是以出版为主

[①] Stigler,G.:The Division of Labor is Limited by the Extent of the Market, *Journal of Political Economy*,1995,1(59):185-193.转引自朱静雯:《中国出版企业集团发展研究》,辽宁人民出版社2005年版,第9页。

业,主要企业成员是出版企业的一类传媒集团。现代产业意义上的"集团"即"企业集团"的简称,企业集团的含义可以从经济和法律两个维度加以描述,从经济角度来看,企业集团通常指以某个大型公司为核心,通过控股、参股、契约而形成的经济联合体。具体而言,上述大型公司在从事经营活动的同时又是母公司和控股公司,它通过控股、参股,操纵为数众多的子公司、关联公司,并影响大批协作企业,在此基础上形成具有共同利益的经济组织,即企业集团。[1] 从法律角度,以我国国家工商局的《企业集团登记管理暂行规定》(1998)中的界定为例,企业集团是指"以资本为主要联结纽带的母子公司为主体,以集团章程为共同行为规范的母公司、子公司、参股公司及其他成员企业或机构组成的具有一定规模的企业法人联合体。"[2]这两种界定表述不同,但均指出了企业集团的核心特征,即通过资本运作形成的企业联合体。作为企业集团核心的大型公司,通常称为"集团公司",在集团内部,集团公司依据产权关系,统一行使出资所有权职能、统一投资决策、统一配置资源、统一结构调整、统一负责资本保值增值,负责制定明确的通过企业集团体制实现的市场目标,有明确的企业集团整体发展战略与规划。除集团公司外,企业集团通常还包含控股公司、参股公司和关联公司,因此,从构成来说,企业集团即为这些公司的总体。[3]对于传媒集团而言,根据成员传媒企业经营的媒体业务领域以及集团整体的产业定位,大致可分为四种类型或经营模式:(1)单一传媒集团。如出版集团、报业集团、广播集团、电视集团等。(2)横向交叉式传媒集团。指成员企业原本各自经营不同的传媒业务领域,包括报纸、杂志、出版社、广播、电视、通讯社等,使得联合后形成的传媒集团的传媒业务实现了相关多元化。(3)纵向联合式传媒集团。指传媒集团是

---

[1] 史仕新、付建平:《企业集团核心竞争力研究》,中国社会科学出版社2011年版,第25页。
[2] 朱静雯:《中国出版企业集团发展研究》,辽宁人民出版社2005年版,第24页。
[3] 史仕新、付建平:《企业集团核心竞争力研究》,中国社会科学出版社2011年版,第28页。

由一个传媒领域的产业链纵向上的不同企业联合而成。如出版社或报社、杂志社与广告公司、印刷公司、发行公司等相关企业的联合。(4)混合交叉式传媒集团。这种传媒集团业务不仅涉及多种媒体业务及相关产业,也涉及与传媒业相关性不大的其他产业,成员企业所属产业领域较为复杂,可能涉及传媒业各个产业门类,还可能属于与传媒业相关性不大的其他产业领域。①

若干企业通过并购等资本运作方式或其他途径联合成为企业集团的过程或趋势可称之为"集团化",如前所述,相关企业联合实施集团化发展有助于实现规模经济、通过多元化实现范围经济、通过专业化获得核心竞争优势,同时可获得外部发展优势。企业集团组建后,充分利用和发挥集团机制与优势的经营管理举措被称为"集团化运作"或"集团化经营"。企业集团形成后,既具有规模化的优势,又可利用集团机制实现集约化经营和管理;既能发挥集团的整体竞争力,又可保持各成员企业的积极性和能动性。企业集团的成员企业往往拥有各自领域的资源和一定的市场竞争力,通过集团机制有利于协调实现集团内部资源在各成员企业间的合理配置和有效利用,使集团内部交易成本大大低于市场交易成本,从而提高集团的整体经营效益。相对而言,单一性大企业规模发展到一定程度后,内部经营管理成本将随规模发展快速增高,而经营管理效率却难以提高甚至趋于降低,因此,企业集团不仅是一种运营效率较高的企业组织形式,从企业是资源配置机制这一角度来说,也是一种非常高效的产业资源配置机制。在一定意义上,可以说企业集团是西方现代产业和市场条件下产业组织发展的高级形态,是西方充分发展的市场经济条件下企业市场化的产物。企业集团一旦形成,往往还会通过并购等资本运作手段进一步扩大自身规模、生产经营能力、资本实力,逐步在一个或多个产业领

---

① 季宗绍:《传媒经营与管理》,南京师范大学出版社2010年版,第280页。

域占据市场垄断地位。正因如此,欧美等发达国家近一个世纪以来,集团化逐渐成为各产业领域的产业组织发展的重要趋势和特征,也可以说是在充分发展的市场条件下特定产业的规模效益和经济实力发展至较高水平的重要途径和显著标志。

和很多其他产业领域一样,集团化经营已成为现代欧美传媒业包括出版业较为普遍的经营生产方式。19世纪末20世纪初,西方国家报业的发展进入黄金时期,竞争日趋激烈,报业的兼并和联合现象逐渐出现并不断进行,所产生的报业集团被认为是传媒集团的最早形式。世界上最早的报业集团19世纪末产生于美国,斯克里普斯报团是美国当时形成最早、最为成功的报业集团之一,其集团经营机制后来也为欧美各发达国家的报业集团所效仿。20世纪20年代后,欧美各类传媒企业进一步联合和并购,逐渐形成了一些综合性的传媒集团,这些集团旗下拥有报纸、广播、电视、通讯社、出版社等不同类型的传媒企业,较著名的早期欧美传媒企业集团有英国的BBC,美国的ABC、NBC、CBS、FBC,主办CNN的特纳(Turner)广播公司等。[①] 20世纪90年代后,由于传媒业、文化娱乐业、信息产业间越来越密切的产业联系以及产业领域的交叉,这些行业企业间的联合和并购渐趋增多。1995年美国迪士尼公司兼并了美国广播公司ABC,一时成为全球最大的娱乐和传媒集团。同年9月美国时代公司收购特纳广播公司组成时代华纳公司,超越迪士尼成为当时全球最大的传媒集团。2000年美国互联网巨头美国在线(AOL)并购时代华纳传媒集团,组建"美国在线—时代华纳"公司,被称为"全球第一家面向互联网世纪的综合性大众传播及通信公司",[②]成为当代传媒业并购和传媒集团发展的经典案例,这一并购案也充分显示了互联网的优势和影响。

---

① 季宗绍:《传媒经营与管理》,南京师范大学出版社2010年版,第280页。
② 《美国在线时代华纳合二为一》,http://tech.sina.com.cn/news/internet/2000-01-12/15248.shtml。

经典案例：美国在线与时代华纳的并购

事实上，时代华纳集团的发展历程在欧美传媒业非常具有代表性，大致体现了20世纪20年代以来欧美传媒业及传媒集团的发展轨迹和发展趋势。时代华纳由时代公司、华纳公司和特纳广播公司合并而成。其中主要传媒企业时代公司始建于1923年，最早经营杂志出版业，并充分采用当时新兴的摄影技术，在所出版的杂志上大量采用图片新闻，成为图片新闻的先驱，并以此在杂志出版业获得商业成功。20世纪40年代后，电视的普及对传统出版业造成了极大的冲击，从20世纪50年代开始，时代公司投资有线电视网HBO和Cinemax公司，向电视领域拓展。创建于1923年的华纳兄弟公司本为美国著名电影公司，在其发展过程中逐渐将业务成功拓展到音乐和有线电视业。特纳广播公司（TBS）1980年开办24小时播出的电视网CNN，给美国乃至世界电视新闻业带来变革。1990年，时代公司以140亿美元收购华纳公司，形成时代华纳集团。1996年，时代华纳以76亿美元收购特纳广播公司，至此时代华纳成为世界上规模最大的传媒集团。

发展至2000年，时代华纳市值规模已达到830余亿美元。但旗下主要为传统媒体业务，如CNN（美国有线电视网）、华纳兄弟电影公司、《人物》杂志、《财富》杂志、《娱乐周刊》、时代华纳出版集团（Time Warner Book Group）等。面对互联网对传统媒体的冲击，时代华纳试图进军网络媒体行业，但其收费阅读的网络版杂志并未取得商业成功，与美国在线合并主要是为了顺利实现传统媒体业务的数字化转型。2000年时，相比于已有70多年发展历史的时代华纳集团，作为互联网服务技术提供商的美国在线仅有10余年的发展历史，但市值已达1 630亿美元，近两倍于时代华纳。并购时代华纳也使其不再仅仅是互联网服务技术提供商，同时也进入了内容信息服务领域。并购后的美国在线—时代华纳公司则成为融合了网络媒体与传统媒体、同时涉足媒体产业与文化娱乐产业的巨型传媒集团,不仅拥有当时空前的文化内容生产能力,也有着包含最先进的网络传播媒介在内的整合了所有媒介形式的规模空前的巨大传播媒介体系。美国在线——时代华纳传媒集团的形成体现了当时业界对于传媒业发展的普遍看法,即网络公司需要具有吸引力的内容,传统媒体则需要互联网这个21世纪最具潜力的新媒体平台,因而当时业界普遍认为美国在线和时代华纳的合并代表了传媒业未来的发展方向。①

但实际发展情况是,美国在线与时代华纳的合并并未发挥出强强联合带来的强大市场竞争力,未能进一步加强两个企业在原领域的行业领先和垄断优势提升集团的盈利水平,合并后至2002年美国在线——时代华纳反而出现了巨额亏损,2002年亏损额高达987亿美元,表明这次并购陷入失败境地。造成并购失败的外因在于,2000年全球互联网产业进入"严冬","网络泡沫"濒临破灭,带动IT产业整体下滑,市场低迷,在这一形势下,美国其他互联网服务供应商普遍指出美国在线与时代华纳的合并对其生存构成巨大威胁,为此这次合并案遭到美国联邦贸易委员会和欧盟长达一年的反垄断审查,从而延缓了美国在线和时代华纳的并购步伐,使竞争者赢得了宽裕的应对时间,同时也消减了双方的并购利益。并购失败的内因在于,一方面,随着宽带技术与业务的快速发展,美国在线提供的互联网接入技术渐显落后,又未及时发展宽带技术,使得其市场份额被竞争对手以低价竞争策略快速蚕食,面临亏损,事实上,正是美国在线拖累了美国在线——时代华纳整个公司的业绩。另一方面,更为重要的是,美国在线的网络平台与时代华纳的传媒业务未能实现融合与相互渗透,没有获得因优势互补带来的盈利。美国在线与时代华纳合并时的设想是,通过合并能使时代华纳在电影、电视、音乐、杂志等媒体领域的媒体内容资源通过美国在线的网络平台向用户提供服务,同时赢得高额市场

---

① 黄明:《时代华纳美国在线正式"分手"》,http://www.ceweekly.cn/html/Article/2009-12/987150_2.html.

回报。但实际发展情况是,由于未能及时升级采用宽带技术,以及并未找到合适的盈利模式,美国在线难以将时代华纳强大的内容资源销售给消费者,仅起到为时代华纳的内容产品做在线市场推广的作用。同时,双方企业文化存在巨大差异和冲突,美国在线代表着年轻的互联网技术文化,而时代华纳则积累了深厚的传统媒体的文化底蕴,双方企业文化短时间无法实现融合,从而在经营管理、发展理念上存在冲突与对峙,使得美国在线与时代华纳合并后成为对立的两大阵营,双方甚至发生集团控制权的争夺。这一态势严重影响了集团内部决策,使得集团难以及时有效地进行经营策略和业务模式的调整、整合,最终导致集团收入的下滑,并购宣告失败。[1] 2003年10月,美国在线—时代华纳(AOL Time Warner)宣布更名为时代华纳(Time Warner),美国在线不再被视为集团的首要部分。2009年11月,时代华纳宣布剥离其互联网业务即美国在线公司,还原为传媒企业集团。至此这一美国乃至全球传媒业历史性的兼并以失败告终。

三、传媒业已实现高度集团化和走向全球化扩张

集团化作为重要的产业资源配置机制,会导致产业资源的集中化,在一个产业内,随着越来越多的企业参与集团化,大部分产业资源和市场份额会逐渐趋于被为数不多的产业集团所拥有和控制,且随着集团化的不断开展,产业资源的集中程度会越来越高,产业资源和市场份额的分布将越来越不均衡。在当代欧美国家,传媒业在19世纪末20世纪初即出现集团化,发展迄今,其传媒企业经过长期的集团化,已经出现极少数巨型传媒集团占据了大部分产业资源和市场份额的现象,这些巨型传媒集团

---

[1] 黄明:《时代华纳美国在线正式"分手"》,http://www.ceweekly.cn/html/Article/2009-12/987150_2.html.

都有着在各自优势领域内寻求垄断经营的趋势,已成为欧美传媒产业的市场中坚力量,随着经营规模不断扩张,并购其他传媒企业的实力就越强,成为欧美传媒业并购市场的主导者,事实上已成为欧美传媒业主要的战略投资者。从社会影响来说,由少数巨型传媒集团垄断传媒产业资源会产生不少负面效应,比如因媒介资源被传媒集团所垄断,可能会导致媒介产品因缺乏竞争而质量下降,可能会妨碍信息与观点的多元化,甚至导致公共利益被忽视,但集团化带来的产业资源集中度提高却是有利于传媒产业实现规模扩张、集约化经营的,能够给传媒产业带来显著的利润增长和商业成功,即在推动传媒产业发展方面有着显著的作用。

同时,随着经济全球化及数字化信息传播技术的发展,当代欧美大型传媒集团早已不满足于在其国内市场称雄,均积极开展海外并购和开拓全球市场,集团构成和所经营的传媒业务日趋国际化,意图成为超级跨国传媒集团,在全球传媒业市场谋求垄断地位。经济全球化从本质上说是西方资本力量跨越国家和地区障碍在全球范围内的扩张,以便更有效地利用全球产业资源,占领和垄断全球市场,从而获取巨额利润,全球化同时也意味相关产业资源在全球市场内实现重新配置和流动。20世纪90年代后,在经济全球化不断深化的进程中,全球传媒产业资源随着欧美大型传媒集团的全球扩张发生了快速而大规模的集中化,形成了极少数的巨型跨国传媒集团,包括时代华纳、迪士尼、新闻集团、贝塔斯曼、维亚康姆、威望迪等,这些巨型传媒集团均有着长期的并购与扩张史,均已实现跨媒体、跨行业、跨国经营,旗下公司众多,既独立经营,又相互依托,形成完整的集团产业链,如表3.1所示[1]。有数据表明,当代约50家跨国传媒集团已经占据了全球95%的媒介产业市场,世界范围的新闻资讯90%以上由美国等西方发达国家所垄断,美国还控制了全球约75%的电视节目

---

[1] 李良荣:《当代西方新闻媒体》,复旦大学出版社2003年版,第5页。

生产和制作。其中,美国已成为世界传媒资本和传媒产品最大的输出国,迪士尼、维亚康姆、时代华纳等传媒集团目前30%~40%的收入来自海外市场。① 由此看来,跨国扩张对于当代欧美传媒集团的发展具有重要意义,鉴于此,欧美传媒集团的集团化进程的阶段划分事实上可增加一个阶段,即国际化阶段。

表 3.1 世界六大跨国传媒集团

集团名称	总部所在地	主营业务范围	主要集团成员
时代华纳	美国纽约	广播、电视、电影、音乐、杂志与书籍、互联网、体育业等	WB电视网、HBO、CNN、华纳兄弟电影公司、WEA(华纳—Etektra—大西洋)唱片、《时代》杂志、《财富》杂志、亚特兰大勇士职业棒球队
维亚康姆	美国纽约	广播、电视、电影、出版、娱乐业等	CBS、MTV、Nickelodeon儿童频道、无线广播、派拉蒙电影公司、联合院线、Worldwide户外广告公司
新闻集团	澳大利亚悉尼	广播、电视、电影、娱乐、出版、互联网等	FOX、英国天空广播公司、STAR TV、20世纪福克斯电影公司、洛杉矶道奇职业棒球队、哈帕出版公司、美国《纽约邮报》、英国《太阳报》
迪士尼	美国加利福尼亚州	电影、音乐、娱乐、旅游、广播、电视、出版、互联网等	迪士尼电影公司、ABC、Disney频道、ESPN、迪士尼乐园、迪士尼度假酒店
贝塔斯曼	德国尼斯特洛	出版、电视、电影、互联网等	Ballatine出版集团、贝塔斯曼出版集团、皇冠出版集团、兰登书屋、BMG唱片,在欧洲拥有16家电视台和17家电台
威望迪	法国巴黎	电视、电影、音乐、互联网、客运等	环球音乐集团、环球电影、ViviendiNet互联网集团、Houghton Mifflin出版社、美国USA Network电视网、Onyx垃圾处理公司、Connex客运公司、Dalkia能源公司

---

① 季宗绍:《传媒经营与管理》,南京师范大学出版社2010年版,第281页。

四、媒介融合中欧美传媒业发展的启示与规律

以时代华纳为代表的当代欧美传媒集团的发展历程,折射出了在充分产业化和市场化条件下现代和当代传媒业与传媒产业组织发展的很多规律与趋势,同时也有值得反思和引以为鉴之处。具体体现在如下几个方面。

(1)对于传统媒体企业而言,进入新的传媒业务领域,或因传播技术的发展需要实现转型升级时,集团化运作已被欧美传媒产业实践证明是效率较高的切实可行的途径。具体而言,传统传媒企业或集团可通过并购等资本手段联合那些经营自身所缺的传媒业务的其他传媒企业,以及因应用新的传媒技术而快速崛起的新媒体企业,从而扩大自身经营领域和市场空间,获取最新的传媒生产力,保持和增强自身竞争优势。从美国时代华纳传媒集团的发展历程可以看到,其每一次大的并购都与开拓新的传媒业务领域和市场,或获得新的传播技术有关。当代欧美大型跨国传媒企业在其发展过程中总体上也均是通过并购来达到扩张目的的。另一方面,传媒企业或传媒集团通过自身现有资源,或在传播技术上实现转型升级这种自我发展方式是难以进入新的业务领域的,在西方传媒产业实践中也难觅具体案例。

(2)当代传媒集团在经营的传媒业务领域和范围上,总体的发展趋势是实施跨媒介经营。当代欧美传媒集团一般均涉足多个传媒产业门类,分别由不同成员企业具体经营。例如,时代华纳传媒集团就同时经营广播电视业、电影业、期刊出版业等多种媒介业务。跨媒介经营实际上是传媒集团在传媒产业范围内实施的多元化经营,当代欧美国家传媒业竞争日趋加剧,媒介消费市场日趋细分化,实施跨媒介经营有助于传媒集团提高媒介消费市场覆盖率、获得新的营收增长点、创造范围经济效益、提

高盈利水平,以及提高传媒集团抗市场风险的能力。传媒集团同样也是通过多次并购经营不同媒介业务的传媒企业来提高媒介业务的多元化水平的,这一过程被称为"跨媒介整合"。但传媒集团实施跨媒介经营并不能仅限于形式上的经营多种媒介业务,否则容易带来经营分散等不利影响,关键是要通过跨媒介经营实现内容和品牌等媒介资源的增值和利用效率的提高,从而创造更多的经营效益。例如,对于同一内容题材在集团内可进行统一的采编策划,并通过不同媒介传播给尽可能多的受众,以此实现内容资源的充分利用和多次售卖。显然,在这样的机制下,不同媒介业务间才能实现真正的融合,这正是传媒组织经营层面媒介融合的意义所在。

(3)当代传媒业在通过集团化整合产业资源的过程中,已逐步跨越原有产业领域和边界,与其他相关产业交叉整合,以寻求更大的发展空间,从而实现传媒产业与其他相关产业间的融合。例如美国迪士尼公司和美国广播公司(ABC)的兼并,美国广播公司主业为广播电视业,而迪士尼公司并非典型的传媒企业,在兼并美国广播公司前,旗下并不拥有报社、广播电台等大众媒体,其传媒业务主要为电影产业,尤其是生产制作面向青少年及儿童观众的动画电影,此外还出版动画主题的儿童书籍,换言之其主要定位是电影等创意内容产品的生产商和提供商,而非传播商。同时,迪士尼还经营着庞大的娱乐与旅游度假等服务产业,包括遍及世界各地大都市和旅游胜地的迪士尼主题公园和度假酒店,还涉足玩具业。迪士尼公司和美国广播公司兼并形成"迪士尼—ABC 电视集团"意味着传统的大众传媒业与文化娱乐业等相关产业间的融合,也可视为文化创意产业领域内的产业资源整合,文化创意产业是涵盖产业领域极为广泛的产业群,被视为在经济全球化及后工业化时代世界经济的重要增长点,甚至已被很多国家列为支柱性产业加以扶持与发展。上述美国在线与时代华纳的并购则意味着传统媒体产业与信息技术产业的融合。传媒产业与其他相关产业领域的融合一方面表明当代不同产业之间边界逐渐模糊,另一方面,融合也会带来新的交叉产业领域,往往能够成为传媒产业和相关产业新的发展方向和效益增长点。在这个意义上,传媒企业突破边界的跨行业、跨领域整合不仅仅是规模扩张的"物理变化",而是能产生全新的产业增长点的"化学反应"。

(4)面对互联网的快速发展,传统媒体虽然难以依靠自身力量实现快速转型以应对网络媒介普及后媒介环境的变化,但美国在线与时代华纳的并购失败表明,传统媒体通过与新兴的互联网企业的并购实现转型也并非易事。互联网与数字技术发展很快,传统媒体必须选择合适的时机进行转型,操之过急只会成为新技术应用失败的早期尝试者,但转型过晚也会失去市场先机。时代华纳与美国在线合并时,虽然美国在线的盈利状况极佳,但其网络技术已显落后之势,无法为时代华纳强大的多媒体内容资源提供有效的网络传播平台。时代华纳如能等到宽带技术发展成熟到足以有效传播其内容资源时再转向网络传播平台,转型成功的可能会大增。另一方面,互联网的发展虽然给传统媒体带来了巨大冲击,但传统媒体在长期的发展过程中积累了强大的内容生产能力和丰富的企业经验,以及深入人心的品牌影响力,这是其核心竞争力,也使其在面对市场竞争和媒介技术变革时具有较强的生命力和抗风险能力。相比之下,像美国在线这样的新技术提供商虽然能够快速发展,但也很可能因跟不上技术和市场的进一步发展和变化成为昙花一现式的企业。传统媒体在与技术提供商实现跨领域整合时必须着眼于可持续地保持及增强自身的核心竞争优势,而非仅考虑在短时间内实现技术及业态的转型升级。

总体而言,集团化已成为当代欧美传媒业实现扩张和发展的主要途径,成功的集团化有助于传媒企业实现规模化和集约化经营,能够显著提升传媒企业的市场竞争力,确立传媒企业在行业中的优势与领先地位。根据上述分析,传媒产业集团化趋势在程度和范围上是渐进的,一般而言,相关传媒企业先是在原本的传媒业领域内通过并购同领域传媒企业实现规模扩张,此后将依次走上跨媒介整合、跨行业整合的道路。我国学者喻国明总结认为,对于特定传媒企业而言,其集团化发展按照整合资源的程度可划分为三种模式:一是系列化模式,主要是在同一传媒层次上实现的平面联合;二是一体化模式,是在不同传媒层次上实现的跨媒体的立体联合;三是多元化模式,即传媒集团超出媒介行业自身,在更大的(即跨行业的)范围内来寻找和链接有助于自己"做大""做强"的资源,并结合成"命运"共同体。①

第三节　媒介融合中欧美出版传媒企业的整合与转型

一、欧美出版传媒企业整合重组的历程与趋势

出版传媒集团(或简称出版集团)是指那些以出版为主业或出版业务收入在集团经营总收入中占较大比重的传媒企业集团。出版业是传媒业的重要组成部分,集团化是现代欧美国家传媒企业组织发展演变的主要趋势,对于其出版业亦是如此。在欧美国家,出版业集团化的进程总体是与其传媒业整体的集团化趋势同步的,有着同样的发展轨迹和发展规律。欧美等国的现代出版业总体上起步于西方资本主义工业化革命(The Industrial Revolution)时期,已有着数百年的发展历史。从发展之初起,欧美的现代出版业即主要在市场机制下生存发展,其出版企业经历了从私人小企业向现代企业的转变。进入20世纪后,欧美出版企业的发展方式逐渐由自我积累滚动式的发展方式转变为联合兼并和资本经营的发展方

---

① 郑保卫:《论媒介经济与传媒集团化发展》(论文集),中国人民大学出版社2003年版,第32页。

式,逐渐开始出现了现代出版集团,集团化进程中资本运作起到了主要作用,由于资本的流通不受行业限制,有的出版集团甚至由其他不相关产业领域的企业发展而来。例如英国培生出版集团,在1844年创建时是一家建筑企业,19世纪末发展成为欧洲最大的建筑商之一,但进入20世纪后,于1921年以其积累的资本进军传媒出版业,主要通过多次并购地方报纸进入报业领域,并逐渐进军图书出版业,经过不断扩张,最终发展为世界领先的出版传媒集团。

欧美出版业大规模的集团化发生于20世纪50年代以后。第二次世界大战以后,随着世界政治军事局势的相对稳定和科学技术的迅猛发展,世界经济也迅速复苏,欧美传媒业快速发展扩张,传媒企业之间的并购逐渐频繁,逐渐形成一些体量庞大的传媒集团,大型出版集团也相继发展起来。20世纪50年代到90年代间,欧美出版业集团化趋势有增无减。除了通过并购实现规模扩张,欧美出版集团还充分运用股市融资等其他资本运作方式增强资本实力。这一时期内,欧美出版业暴发了一股势头强劲的企业发行股票和上市狂潮,使得欧美出版集团得以通过金融市场快速融资,吸收了大量的资金,这一快速有效的资金筹集方式使得欧美出版集团的资本实力迅速扩张。欧美许多著名的出版集团正是抓住了这一契机迅速发展壮大起来,一些经营规模庞大的大型出版集团在美国、英国、德国、法国、荷兰等欧美国家相继出现。欧美国家出版业大规模的集团化使得出版产业资源趋于集中,出现了集聚效应,大型出版集团均成为这些国家出版业的产业中坚力量和市场主导者,也是产业内主要的战略投资者,对这些国家出版产业的整体发展有着积极意义。

以美国为例,美国出版业在第二次世界大战以后经历了前所未有的发展变化,其中最为显著的就是大型出版集团的形成与快速发展。美国是当今出版业最为发达的国家之一,目前在世界图书销售总额中美国出版企业的销售总额就占了约三分之一,其主要原因在于美国出版企业在

20世纪80年代和90年代间大规模的集团化所带来的产业资源集中化,以及通过并购形成的超大型出版集团在全球出版市场的竞争优势和市场统治。20世纪50年代后美国出版企业并购及上市融资活动较为活跃,20世纪80年代后期,又集中出现了一轮企业并购浪潮,20世纪90年代,美国出版业的集中化、集团化发展达到了历史最高峰,使美国出版业的整体实力大为增强。从出版产业集中程度来看,20世纪60年代至70年代间,美国出版20强企业所占市场份额一直在60%以下,到了20世纪90年代,集团化浪潮使产业集中化程度急剧提高,美国前20家大出版公司所占市场份额上升到85%以上,1999年美国最大的10家出版公司占据了其国内大众图书市场销售收入的71%,其中兰登出版公司一家的销售收入就占了美国国内大众图书总销售收入的五分之一。[①]

与欧美大型传媒集团整体的发展趋势相同,欧美大型出版集团在扩张主业的同时,也积极开展多元化经营,进军其他传媒领域,甚至投资其他行业实现资本增值,其资本扩张的步伐一直没有停歇。随着经济全球化进程的深化,当代欧美大型出版集团已不满足于在本国出版市场占据显著份额,均通过全球范围的资本扩张和并购逐步实施跨国经营。20世纪80年代开始,欧美发达国家的出版集团和出版企业积极在海外建立子公司,相互之间也频繁发生跨国的投资并购,使得欧美出版产业资源在欧美国家范围内实现跨国整合与配置,导致欧美出版业市场逐渐一体化,一些大型出版集团也逐渐成为国际化的巨型出版传媒集团。此后欧美出版产业资本又逐步迈向其他国家和地区出版市场,例如,在中国加入WTO后,一些欧美国际出版集团正逐步利用WTO规则以多种方式进入中国出版市场。至此,总体来看,当代欧美大型出版集团的集团化过程也都涵盖了欧美传媒业集团化的四个阶段,即在本产业内的规模扩张阶段、跨媒体

---

① 周蔚华:《出版产业散论》,复旦大学出版社2009年版,第67页。

扩张阶段、跨行业的多元化发展阶段、国际化扩张阶段,目前已经形成若干资本实力极为雄厚,在全球出版市场占据重要份额和有着显著行业影响力的巨型跨国出版传媒集团。

值得注意的是,20世纪90年代末21世纪初,随着互联网等数字传播媒介的快速发展,传统媒介用户大量迁移到网络媒介上,世界各国传统出版业都受到了冲击,进一步增长已遭遇发展瓶颈,在这一趋势下,实施数字化转型已成为当前欧美出版业发展重要的新方向。事实上,欧美出版企业集团化的上述四个阶段可视为分别在不同历史时期常见的四种不同发展模式,而数字化转型则是当前的一种发展模式,事实上本研究后续发展案例分析表明,当代欧美出版传媒集团还出现了专业化整合的趋势,即共包括六种发展模式:(1)同领域扩张,(2)跨媒介经营,(3)跨行业多元化经营,(4)国际化经营,(5)数字化转型,(6)专业化整合。这六种发展模式是不同的发展战略,可以帮助出版企业或出版集团实现特定的发展目标。这些发展模式并非只能依次出现于不同历史时期,实际上,对于当代欧美出版业和出版企业,这些发展模式是并存或交叉的。

由于网络等数字化媒介的使用率快速上升,当代世界各国传统出版消费市场规模的增长空间已非常有限,甚至有下降的趋势,传统出版市场竞争必然日趋激烈,另一方面,数字出版市场在美国等出版业发达国家已快速发展。在这一新的市场形势下,欧美出版企业和出版集团都不得不寻找新的市场定位和发展方向,并重新调整自身的发展战略,主要途径则是上述发展模式中的一种或若干种的组合,仍然是通过并购等资本化运作手段实施的。这实际上是数字化传播技术造成的当代出版产业资源布局的再一次调整。从媒介融合的视角看,这是当代出版企业的新一轮重组,这种重组主要体现在当代欧美大型出版集团的构成与经营方向的转变。

二、当代欧美出版企业转型发展的典型模式

互联网普及至今,面对数字化媒介的传播优势和由此带来的传统媒介消费市场的逐渐低迷,发展数字出版业务、实施数字化转型几乎是所有出版企业必须实施的战略举措。随着数字出版相关技术与产品的逐渐成熟,数字出版销售平台、销售渠道乃至产业链的逐步完善,以及欧美读者已逐渐接受和习惯于数字化阅读所带来的数字出版消费市场逐步形成并快速增长,数字出版已逐渐成为不少欧美出版商越来越重要的营收来源,使得欧美出版企业尤其是大型出版集团近年来数字化转型力度不断加大。美国出版业调查机构 JEGI(Jordan Edmiston Group. Inc)的相关调查表明,进入 21 世纪以来,欧美出版业涉及数字新媒体企业的并购交易较为频繁,一度快速增长,而传统出版集团和出版企业之间的并购数量则大为减少。[①] 欧美出版企业及出版集团在数字化转型过程中的重组程度各有不同,但发展转型的方向有一定共通性,主要存在三种典型的转型发展模式,以下通过个案加以说明。

1.在数字化转型中彻底实现由出版商向信息提供商的转变

以曾位居世界三大教育出版巨头、教育出版业务规模仅次于英国培生集团的加拿大汤姆森集团(The Thomson Corporation)为例。汤姆森集团的发展历史本身也是一部企业并购与出售史。可以说,并购与出售相关企业资产是汤姆森集团发展与扩张的基本手段。20 世纪 30 年代加拿大汤姆森家族公司通过收购加拿大第一张报纸《提明斯出版》(*The Timmins Press*)进入报业领域,总部位于加拿大多伦多,此后陆续通过并购成为一家以报业为主的传媒集团。20 世纪 50 年代至 70 年代间,汤姆

---

① 王积龙:《美国出版集团并购新趋势》,《出版参考》2007 年第 1 期。

森集团在报业领域继续通过并购扩张,并通过收购图书出版公司进入图书出版业,同时投资于英国电视业、石油勘探业和旅游业,成为涉足多个产业领域、实施多元化经营的国际传媒集团。20世纪80年代至90年代间,汤姆森集团通过并购大举进军图书出版业和专业信息服务业,同时也通过出售旗下企业逐渐退出报业、旅游业、石油勘探业等领域。至20世纪90年代末,汤姆森公司扩张成为全球出版领域和行业信息服务领域最大的跨国集团之一,在全球40多个国家设立了分支机构,市场重心则转移到了美国,其业务板块根据规模依次是:(1)汤姆森法律与法规(条例)信息集团,从事法律、税务、会计、知识产权和商业领域的出版业务及信息咨询服务,并为上述行业提供业务解决方案。(2)汤姆森学习出版集团,主要出版各种教科书和教辅用书,拥有彼得森公司等前期并购的多家欧美著名教育出版商。(3)汤姆森金融信息集团,主要为全球金融界提供电子信息服务和业务解决方案。(4)汤姆森科技与医疗卫生信息集团,在科技与医疗领域出版各种工具书,并提供计算机软件、数据库服务及业务解决方案。

进入21世纪以来,借助于数字化信息处理技术与网络媒体的快速发展,信息服务业在世界范围内快速发展。信息服务业是对相关行业或专业领域内的信息资源进行有效的分析加工,并将结果提供给顾客以获取收益的新兴行业。[①] 信息服务业的终端市场通常是购买信息服务的各行业用户。由于美国金融服务业在全球的领先地位及在本国GDP来源中的极高占比,美国与财经金融有关的信息服务业快速发展,2006年美国GDP增速为3.4%,信息服务业增速为7.2%,而财经金融类的信息服务业增速达到8.7%。[②] 事实上世界范围内财经金融类信息服务业都有着巨大的市场前景。随着互联网在各行业领域日益广泛的应用,当代世界范围

---

① 互动百科:《信息服务业》,http://www.baike.com/wiki/信息服务业。
② 王积龙:《从汤姆森—路透的并购看:增值最快与市场最大》,《出版参考》2007年第8期。

内财经金融领域的信息量已今非昔比,财经金融信息市场也前所未有地迅速扩大。① 汤姆森集团早已涉足财经金融等领域的信息服务业,到2006年已是世界三大财经金融信息服务提供商之一,另外两家分别是路透集团(Reuters Group PLC)和彭博资讯社(Bloomberg)。面对快速增长的信息服务业市场,2006年,汤姆森再次明确提出向信息服务业领域纵深发展的目标。② 截至2007年4月,在国际财经金融信息服务业终端市场中,彭博、路透、汤姆森所占份额分别为33%、23%和11%。③ 汤姆森通过收购证券公司而快速进入财经金融信息服务领域,但入行的时间要晚于路透和彭博,相对于这两个行业领先者,一时仅能充当市场追随者的角色。这种市场地位决定了汤姆森只能通过占领一些边缘市场来获得较微薄的利润。但汤姆森并不甘心市场追随者的角色,一直试图巩固和加强在财经金融信息服务市场的份额,以增加市场影响力,获取对价格和服务的话语权。④ 2007年5月,汤姆森通过重大战略举措——以87亿英镑并购在世界财经金融信息服务市场排名第二的路透集团,初步达到了这一目标。并购后组建的新集团命名为"汤姆森—路透"(Thomson-Reuters)集团。

事实上,此次并购标志着汤姆森集团从出版集团向信息服务提供商的重要战略转型。在此次并购前的2006年年底,汤姆森集团将旗下世界第二大教育出版公司——汤姆森学习出版集团以50亿美元的高价挂牌出售,成为当时震动国际出版业的爆炸性新闻。汤姆森出售汤姆森学习出版集团的主要原因在于网络媒体对传统媒体市场的冲击,传统出版市场发展空间有限,其中教育出版领域的利润也日益微薄。汤姆森通过出售教育出版业务,可将资产转移到财经金融信息服务领域,以这一领域作

---

① 傅凯:《汤姆森路透要做世界财经信息老大》,《北京商报》2007年5月10日。
② 唐润华、文建:《"汤姆森—路透"并购案影响分析》,《中国记者》2007年第6期。
③ 李欣原、臧蕙心:《互联网催生巨头并购潮》,《计算机世界》2007年5月14日。
④ 唐润华、文建:《"汤姆森—路透"并购案影响分析》,《中国记者》2007年第6期。

为核心产业加以发展,集中资源把握高速发展的财经金融信息服务业的产业机会,加快发展核心产品并加快开辟相关产品的市场,从而实现产业结构调整和经营方向转型的战略转变目标①。在出售汤姆森学习出版集团前,出版业务仍是汤姆森集团的主业,汤姆森则是典型的大型出版传媒集团。出售汤姆森学习出版集团及完成对路透集团的并购后,新组建的"汤姆森—路透"集团业务分为财经金融服务和专业出版两大板块,相应由两个集团负责运营,总部设在美国纽约。其中,财经金融服务集团(使用"路透"品牌)规模约200亿美元,业务包括金融交易服务、银行投资及管理服务、企业服务和财经金融媒体,在集团总收入中占比约59%。专业出版集团(使用"汤姆森专业"品牌)规模约330亿美元,其业务包括法律法规、科技、医疗卫生保健、税务和会计等四个领域的出版及信息服务,收入在集团收入中占比约41%。② 由此可见,财经金融信息服务业已成为汤姆森—路透集团的主业,汤姆森—路透集团通过并购由出版传媒集团转型为大型专业信息服务提供商。事实上,汤姆森—路透在2007年5月的并购声明中就明确强调"新集团将持续向电子金融和专业信息提供商的定位转型"③,这表明,在汤姆森—路透集团并购后的长远发展规划中,会进一步扩张与发展财经金融服务业,而专业出版业务则可能遭到削减,这将导致汤姆森—路透的绝大部分的销售额来自基于互联网的以财经金融领域为主的专业信息产品和服务,而财经金融等领域当前高速增长的信息服务市场将是汤姆森—路透集团组建后实现快速发展的重要保证。

汤姆森对路透集团的并购自发起后历经近一年时间,2008年4月,经过欧洲和美国监管部门的反垄断调查以及原汤姆森集团和路透集团的谈判,汤姆森—路透集团正式完成合并。合并后,汤姆森和路透在市场竞

---

① 彭致:《汤姆森学习出版集团77.5亿美元售出》,《中国新闻出版报》2007年7月13日。
② 唐润华、文建:《"汤姆森—路透"并购案影响分析》,《中国记者》2007年第6期。
③ 同上。

争上可以共同应对已经在提供专业实时金融信息方面遥遥领先的彭博资讯社,这是促成双方合并的重要因素和基础。汤姆森和路透的合并带来了双方的企业经验、资本、业务和资源等多方面的优势互补。路透集团的财经金融服务始于1851年,至21世纪初已有150多年的发展历史,具有极为丰富的经验和勇于创新、善于把握技术革新的企业文化,而汤姆森集团则具有巨大的资本优势及资本运作能力,擅长于企业扩张。在财经金融信息服务业务上,汤姆森和路透各有优势,合并可实现双方优势的结合。例如,在信息与数据内容上,路透的优势在于财经金融新闻和即时信息,汤姆森的优势在于历史数据和数据分析;在电子交易服务方面,路透强于货币与外汇交易,而汤姆森则强于固定资产交易;在企业服务方面,路透长于风险管理及提供交易场所,汤姆森则擅长投资组合管理及提供股权解决方案。① 在市场资源上,据彭博社所提供的合并前的统计数据,2006年路透集团的收入约54%来自欧洲市场,28%来自美国市场;汤姆森集团的收入则近81%来自美国市场,在欧洲市场的收入仅有约14%。② 显然,双方的市场资源与营销渠道具有互补性,通过合并,汤姆森—路透可以实现对欧美市场的全面覆盖,这有利于汤姆森—路透在全方位市场份额争夺中居于明显优势地位。双方业务和资源方面的优势互补直接带来了经营上的协同效应,可以有效地降低集团运营成本,并扩大集团收入。汤姆森和路透合并后,在全球财经金融信息服务业市场至少能够占据三分之一以上的份额,从而在规模上超越彭博资讯社,成为全球最大的财经金融信息及数据服务提供商。

2.在数字化转型中经营主业由出版业切换到信息服务业

以英国和荷兰合资的励德·爱思唯尔(Reed Elsevier)集团为例。20

---

① 唐润华、文建:《"汤姆森—路透"并购案影响分析》,《中国记者》2007年第6期。
② 李欣原、臧蕙心:《互联网催生巨头并购潮》,《计算机世界》2007年5月14日。

世纪90年代以来,励德·爱思唯尔集团首先成功地从纸质出版转移到数字出版领域,是世界范围内数字出版转型最为成功的出版商之一,进入21世纪以来,逐渐由STM(科学、技术及医疗)专业出版商向专业信息服务提供商转型,由出版业转战基于网络等新媒介的信息服务业。

1993年,荷兰STM出版商爱思唯尔出版公司(Elsevier NV)和英国图书、报纸、杂志综合出版商励德国际公司(Reed International PLC.)合资组建励德·爱思唯尔集团,总部分别设在英国伦敦、荷兰阿姆斯特丹和美国纽约,是个典型的大型国际化出版传媒集团。励德国际公司创立于1894年,爱思唯尔的学术出版历史则可追溯到1580年,现代的爱思唯尔出版公司则于1880年正式成立。励德·爱思唯尔集团由两个子集团公司构成:励德·爱思唯尔出版集团(Reed Elsevier Group PLC.)和爱思唯尔·励德金融集团(Elsevier Reed Finance BV)。其中,励德·爱思唯尔出版集团主营出版及信息服务业务。爱思唯尔·励德金融集团则专为励德·爱思唯尔集团提供财政、金融和保险服务。

20世纪90年代,励德·爱思唯尔集团组建,在出版业务方面,其进行了一系列的并购、出售和重组,出售了杂志类、报纸类和大众类图书出版公司,买进了STM类、法律类、商务类和教育类的出版公司。这一时期,励德·爱思唯尔集团非常看重教育出版市场。2000年年底,励德·爱思唯尔集团和汤姆森集团合作,兼并了美国哈考特教育出版公司(Harcourt Education),后者是美国乃至全世界最大的教育出版商之一。励德·爱思唯尔通过此举的主要收获是得到了位居全美第二的哈考特中小学教材业务。励德·爱思唯尔集团将这部分业务与旗下的海涅曼集团合并,海涅曼集团在英国教材市场排名第一,它的业务包括学术期刊、全球医学出版和医学信息业务,合并后成立励德教育专业出版有限公司(Reed Education Professional Publishing Ltd.)。在20世纪90年代,励德·爱思唯尔集团的出版业务绝大部分仍是传统印刷出版业务,但已开始投资电子出版业务。

20世纪90年代末,互联网对传统媒体的冲击和威胁开始显现。励德·爱思唯尔开始认识到实施数字化转型的必要性,主要在于其核心客户群体,即STM领域的研究人员和工作者、法律工作者和商务人员。面对目标客户群体需求的快速而急剧的变化趋势,1999年新上任的励德·爱思唯尔集团CEO克里斯平·戴维斯(Crispin Davis)认为"在信息行业能否成功,取决于一个公司对市场变化能否作出迅速的反应",因此必须"走在这个潮流的前面",由此励德·爱思唯尔集团迅速确立了从传统的纸质印刷出版商逐步转型为数字出版商及在线信息服务提供商的发展战略,开始在网络数据库出版及其他线上产品开发方面进行大规模的投资,将这方面的年度研发费用从6 000万英镑大幅度提高到了2.5亿英镑。2006年左右,励德·爱思唯尔在提供数字内容服务的基础上,进一步加强开发针对科技、医疗与法律工作者以及商务人员特殊需求的在线工具。从1999年到2009年,励德·爱思唯尔聘用的技术研发人员从400人增加到约4 800人。① 通过这些措施,励德·爱思唯尔在快速发展的在线STM内容资源以及在线法律、商务信息服务市场占得先机及竞争优势,其数字业务快速发展,并远远领先于同行。

在实施数字化转型的同时,励德·爱思唯尔的传统出版业务大幅度消减。2007年5月,励德·爱思唯尔集团全面出售2000年并购的哈考特教育出版公司业务板块,将哈考特评估测试公司和哈考特国际教育出版公司出售给培生集团(Pearson Group);将哈考特美国中小学教育业务、哈考特大众读物出版部以及参考书出版部出售给霍顿·米芙林-瑞沃迪集团(Houghton Mifflin Riverdeep Group),表明励德·爱思唯尔已基本放弃传统教育出版市场。这主要由于与科技、医药、法律和商务这些板块相

---

① 邓文:《励德·爱思唯尔的数字化转型》,《中国图书商报》2009年4月14日。

比,教育出版物转变为数字产品的速度相对较慢,因而发展教育出版业务已不符合励德·爱思唯尔实施数字化转型的整体战略。另一方面原因在于欧美教育出版市场不景气,能够获取的利润水平已较为微薄。尽管哈考特和海涅曼覆盖了全球英语国家市场,但是,由于教育体制和课程设置的不同,教学资料的跨国交流十分有限,同时,校园市场还要承受来自政府的经济压力,如在美国,教材销售情况会受到政府教育拨款及教材采购周期的直接影响和限制。因此,教育出版物的销售价格和所得利润比其他类型出版物都低。[①]

2008年年初,励德·爱思唯尔又决定出售旗下的锐德商讯(Reed Business Information,简称RBI),由于遭遇金融危机竞拍价格过低而不得不暂时放弃。RBI主要以B2B出版业务为主,出版400余种商业刊物及报纸;其营收主要来自纸质期刊及报纸上的广告,在线数字业务收入不足30%。暂时放弃收购后,励德·爱思唯尔集团计划削减纸质刊物及报纸的出版业务,并转换依赖广告的经营模式,集中发展增长更快的网络订阅和商业信息服务业务,大幅度提高RBI的在线业务比例,帮助其实现数字化转型并创新盈利模式。2008年,励德·爱思唯尔集团贷款40多亿美元重金收购了美国数据分析公司ChoicePoint Inc.。ChoicePoint公司专门为保险业和信用评估公司提供数据整合(data aggregation)服务,其数据整合业务主要收集海量的且非常详细的个人信息并存储于数据库中,需要时可从该数据库中提取并汇编出对客户有价值的信息并销售给客户从而盈利。励德·爱思唯尔集团并购ChoicePoint意在进一步加强其商业信息服务业务,而在收购ChoicePoint的同时,励德·爱思唯尔还裁减了传统出版业务部门规模以降低运营成本。

20世纪90年代以来,经过一系列并购和业务重组,励德·爱思唯尔

[①] 中文百科在线:《励德·爱思唯尔集团》,http://www.zwbk.org/MyLemmaShow.aspx? lid=222198。

集团的业务板块构成及相互关系如图3.1所示①。具体而言,励德·爱思唯尔集团的具体业务由其子集团励德·爱思唯尔出版集团下辖四个公司承担,分别为爱思唯尔公司(Elsevier)、律商联讯(LexisNexis)公司、励展(Reed exhibitions)公司、锐德商讯(Reed Business Information)公司。

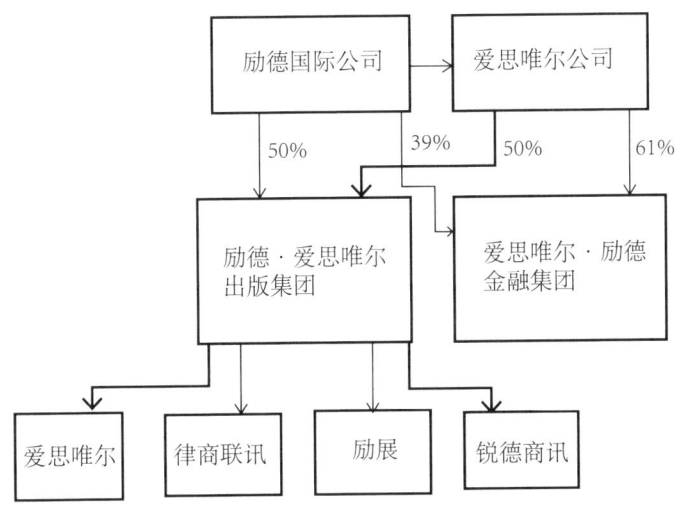

注:图中百分比数字是集团母公司对子公司所占股份比例。

图3.1 励德·爱思唯尔集团的公司架构

励德·爱思唯尔集团的四个子公司的业务领域及近年来的发展状况如下。

(1)爱思唯尔公司根据业务领域又划分为科技分部和健康科学(即医学)分部,主要从事STM(科学、技术、医疗健康)出版业务,其产品主要包括印刷版、电子版或在线版的学术期刊、学术专著、教科书和参考书等。目前,爱思唯尔公司在STM期刊及专业文献数据库出版领域的营业水平已全球领先,其运营的Science Direct是目前全球规模最大、最为权威的STM学术文献数据库,全球范围内的大学、研究机构及图书馆大都订购爱

---

① 刘益、马长云:《励德·爱思唯尔集团的经营概况分析》,《科技与出版》2011年第2期。

思唯尔公司的数据库产品。此外,爱思唯尔公司也提供基于数字技术与网络的专业辅助工具及信息服务,以提高科技与医疗专业人员的创新能力和工作效率。如科技分部提供科研流程工具,有助于研究人员提高获得科研成果的效率,有助于具创新性的科学发现的达成;其医学分部则提供在线实时健康信息服务,此类业务近年来快速增长,增长最快的则是临床决策支持系统,该系统可通过在线医疗信息分析,为医疗人员提供针对具体病人的医疗解决方案。近年来,爱思唯尔公司总体业绩持续增长,主要得益于Science Direct 等数据库、电子图书业务、在线医疗信息服务等数字业务的增长。

(2)律商联讯公司则是全球领先的法律法规、税务和商业信息服务提供商,主要为法律机构、企业、政府及学术机构提供全面、权威的信息服务,包括专业的数字化和网络化的数据库、平台、工具服务,以及法律、税务等领域的解决方案服务,并定期出版所涉领域的相关资料。励德·爱思唯尔集团 2008 年并购 ChoicePoint 后将其与律商联讯公司合并。近年来,律商联讯业务收入增长迅速,主要体现在在线信息服务、解决方案服务、专业工具业务方面,收购 ChoicePoint 后,借助 ChoicePoint 的信息收集与分析优势,保险业务也发展较快,逐渐成为主力业务。

(3)锐德商讯公司主要出版涉及多个行业的商业期刊与报纸,并为各行各业提供相关信息及在线数据服务、专业工具以及市场解决方案。锐德商讯接近五成的收入来源曾经是传统期刊与报纸的广告业务。但近年来,锐德商讯的传统广告业务收入一度快速下滑,但在线业务增长良好,2008 年励德·爱思唯尔集团欲出售锐德商讯未果后,着力于提升其在线业务。

(4)励展公司在世界范围内提供会展服务,涉及 40 多个行业的展览、研讨会和论坛业务。其市场份额占全球会展业的 10% 左右,业务收入近年来总体上体现出增长势头。

总体而言,励德·爱思唯尔集团近年来的业务保持了持续良好的增长势头。其业绩增长及收入来源主要得益于各种在线数据库资源和信息服务,而非传统出版业务,显然,正是其领先于竞争对手实施的数字化转型战略带来了其目前整体业务的持续快速增长。另一方面,在励德·爱思唯尔集团的整体收入中,数字化的信息服务业务占比已超越其在线及印刷形式的出版业务。据2009年的统计数据,四个业务公司的业务收入在励德·爱思唯尔集团总收入中的占比分别为33%、42%、14%和11%。[1]爱思唯尔公司的业务以出版为主,且主要收入来自Science Direct等在线专业文献数据库,但其收入总额仅占集团总收入的三分之一,而仅提供专业信息服务的律商联讯一家,其业务收入在集团总收入中已超过40%。事实上,爱思唯尔公司、锐德商讯公司的业务中相当一部分也是针对特定行业用户的信息服务业务,而非出版业务,如爱思唯尔公司的在线医疗信息服务等。由此可见,在励德·爱思唯尔集团组建以来,其经营重点首先由传统出版业务转向数据库出版等数字出版业务,实现了数字化转型;其次,从出版业务转向了成长性更好的面向特定行业用户的信息服务业务,实现了业务转型。转型过程中励德·爱思唯尔总是能够率先把握科技革新和市场发展机遇;果断放弃增长缓慢的业务转向高增长行业领域;同时在特定领域极力寻求领先优势,发展战略总的来说均通过并购等资本运作方式实现。正如有学者所指出的,励德·爱思唯尔已全面转向信息服务,离传统出版越来越远。它从以纸质出版业务为主的媒体垄断巨头转型为一个专注于高定价、高增长率的全球性信息提供商,并成为该领域的领头羊。[2]

3.以出版业务为核心和基础,积极开拓延伸产业市场

汤姆森集团和励德·爱思唯尔集团在数字化转型过程中,逐渐远离

---

[1] 刘益、马长云:《励德·爱思唯尔集团的经营概况分析》,《科技与出版》2011年第2期。
[2] 齐思慧:《探寻励德·爱思唯尔发展之道》,《出版参考》2013年第1期。

甚至放弃了其原本的出版主业,转向了基于网络等数字化媒介、面向特定行业用户的信息服务业。两大集团在切换主业的过程中一个共同的特点是基本放弃了传统教育出版市场,尤其是汤姆森集团,其出售的汤姆森学习出版集团曾是世界第二大教育出版公司。同样是面对教育出版业,英国培生集团(Pearson Group)则选择了与上述两个集团截然不同的经营与发展战略。培生集团自20世纪以来在长期的并购扩张过程中,前期主要实施多元化发展战略,20世纪90年代后期越来越注重专业化经营,集中资源发展的首要专业领域正是教育出版及相关业务。培生集团的发展总体可划分为以下三个阶段。

第一阶段:多元化发展阶段(20世纪20年代至1997年)

培生集团于20世纪20年代就进入了报业领域并一度以报业为主业,1957年,培生集团收购了主要从事金融类报刊出版的英国《金融时报》集团,使金融报刊出版业逐渐成为其主要专业领域之一。培生集团于1968年收购专营英语教育出版的朗文(Longman)出版公司、1988年收购专营数学及科技出版业务的艾迪逊—维斯利(Addison Wesley)出版公司,此后培生集团的教育出版业务快速发展,艾迪逊—维斯利公司与朗文公司于1996年合并为艾迪逊—维斯利—朗文集团公司,成为当时全球最大的英语教材出版机构。同年,培生收购了出版学校教育读物的哈珀·柯林斯教育出版公司,使其教育出版业务规模进一步扩大,逐渐成为培生集团经营的首要专业领域。1970年,培生集团收购了企鹅(Penguin)出版公司,后者是全球主要的英语图书出版商之一,主要出版面向英语市场的大众类图书,使得大众出版成为培生集团的又一个主营业务。由此,培生集团构建起金融报刊出版业、教育出版业及英语大众出版业三大主要业务领域。在经营出版业务的同时,至20世纪90年代中期,培生集团还经营着很多非出版业务,涉足多个不同行业,如广播电视业、银行业、文化娱乐业等,甚至还拥有著名的伦敦蜡像馆的股份。总体而言,在20世纪90

年代中期之前,培生集团虽以出版为主业,但同时积极实施多元化发展战略。

第二阶段:多核心专业化发展阶段(1997年至2007年)

20世纪90年代,欧美传媒业出现波及全球的企业收购兼并浪潮,表明世界传媒业市场格局发生深刻变革。1997年,马乔里·斯卡迪诺(Marjoric Scardino)出任培生集团首席执行官,推动培生集团明确了立足于教育、商业信息和大众出版(或称消费出版)三大核心业务开展专业化经营的战略,进而对所经营的业务进行了大规模的战略重组,以形成集团核心竞争力,在世界传媒业新的发展趋势下获得竞争优势。此后培生集团出售了大量非核心业务,先后卖出其拥有的伦敦蜡像馆、拉萨德银行、西班牙主题公园的股份以及英国第五电视频道的部分股份,并围绕三大核心业务领域进行了新的并购和业务整合。

(1)教育业务

在教育业务方面,培生集团首先通过并购扩大并重组教育出版业务部门。1998年5月,培生集团兼并了维亚康姆传媒集团旗下的西蒙—舒斯特出版公司(Simon & Schuster)的教育出版部、参考书出版部、商业及专业类图书出版部;1998年年底又将西蒙·舒斯特出版公司的教育出版部与艾迪逊—维斯利—朗文集团合并成培生教育集团(Pearson Education Group)。培生教育集团组建后迅速成为世界范围内经营规模、市场份额最大的教育出版商。根据培生集团的战略规划,培生教育集团主营教育业务,以"提供终身教育产品与服务"为发展宗旨,提出了"帮助所有人发挥其最好的潜质"的宣传语。教育出版业务所扮演的角色是培生教育业务中的重要一环,即教育内容生产业务,同时也是最为基础的一环,但并非全部。根据其发展宗旨,培生教育集团成立后,继续实施了一系列并购和重组,这些并购中有些属于教育出版业务领域,但很多并购与教育技术或教育服务有关,以构建和完善培生教育涵盖内容、技术与服务的教育业务体系。

例如,培生教育集团2000年出资25亿美元重金并购美国教育考试公司 NCS(National Computer System);2003年收购了教育理论和教学技能研发公司 Lesson Lab,并以其为核心整合与发展职业培训业务;2006年在美国收购了世界领先的职业测试公司 Promissor,使其快速获得了美国职业考试市场的领先地位。值得注意的是,进入21世纪以后,欧美国家的教育出版市场呈现低迷趋势,2006年前后出现了欧美很多出版企业纷纷抛售教育出版业务的现象,如前文所述汤姆森集团及励德·爱思唯尔集团,培生教育则反其道而行之,趁机买进不少经营教育出版业务的企业,扩大了自身在教育出版市场的地盘,同时巩固了其全球最大的教育出版商的市场地位。例如,2005年培生教育收购了专营美国中小学教辅出版的 AGC 出版公司,2007年收购了励德·爱思唯尔集团出售的哈考特评估测试公司(Harcourt Assessment)和哈考特国际教育出版公司(Harcourt Education International),使其在美国考试市场占有了支配优势,提高了其在英国、澳大利亚等英语国家教材市场的地位。[①] 培生教育非常重视发展数字化教育业务,2007年,培生教育收购了美国远程在线学习服务商 eCollege 公司,该公司主营网络在线教育业务,具体包括网上学位教育、证书教育、文凭教育和职业发展教育项目的设计、构建和支持业务,此次收购为培生教育发展数字化和全球化教育业务提供了有力支撑。

经过一系列符合其发展宗旨的并购扩张,培生教育集团近年来逐渐构建起较为丰富的教育业务群和较为完整的教育产业链,其教育价值链得以不断延伸,其中,在提供教育内容的教育出版业务方面,围绕其提供"终身教育"的宗旨,培生教育提出了"一个人一生的学习,用培生的教材就足够了"的宣传语,其各类教育出版物总体上涵盖了幼儿园、小学、中

[①] 中文百科在线:培生教育集团,http://www.zwbk.org/MyLemmaShow.aspx?lid=222204.

学、大学、博士后教育甚至老年教育。培生教育在高等教育、中小学教育、职业教育、工具书出版等领域在世界范围内占据了市场领先地位,在工程与计算机类、经济与管理类、英语语言学习类教材出版领域的品牌优势和市场竞争优势尤其明显。以中国市场为例,培生教育集团的英语教学图书和计算机图书一直占据中国图书市场此类引进版图书的最大份额。培生教育旗下的朗文品牌语言类教材和工具书是中国英语教学领域的权威用书。在教育服务方面,培生教育优先发展了考试测评、培训认证业务;在教育技术方面,培生教育大力发展教育信息技术,尤其是网络教育等方面的能力和业务。培生教育有专门的家庭教育网络公司、培生宽带公司从事软件生产、网络服务、电子图书等全方位的与教育相关的数字化业务与服务。[①] 目前,培生教育在数字化学习材料提供、学生信息系统、在线测试与评估、网上家庭作业等领域的技术与服务业务都领先于业界。除了教育业务的完善与扩张,培生教育的扩张战略还包括全球化,其产品与服务已覆盖超过50个国家和地区,其中包括中国。培生教育在全球教育市场通过并购获得越来越多的教育培训机构和校区,以大力发展教育培训业务。培生教育由此打造出规模庞大的教育产业链,从而在广阔的全球教育市场获得越来越重要的市场地位和越来越丰厚的市场回报,培生教育也成为全球最大的跨国教育集团。

(2)商业信息业务

欧美出版传媒集团近年来越来越重视信息服务业市场,汤姆森—路透集团和励德·爱思唯尔集团等甚至将主业转型至信息服务业。培生集团同样注意到信息服务业的良好市场前景,将商业与金融信息业务列为其第二大战略性核心业务加以开拓。培生集团的商业信息业务主要依托其下属的金融时报集团开展。金融时报集团是世界范围内金融、财经及

[①] 中文百科在线:培生教育集团,http://www.zwbk.org/MyLemmaShow.aspx?lid=222204.

商业领域最具有影响力的报刊出版商,其主要媒体《金融时报》是世界范围内最具权威性的财经、金融类时报之一,《金融时报》是以经济、金融报道为主的英文对开日报,集新闻、数据、评论、分析为一体,其权威性、真实性、准确性深受全球业界认可。除了商业和财经新闻报道外,《金融时报》详列每日的股票和金融商品价格方面的数据,其30种股票价格指数是反映英国乃至世界金融业发展情况的重要晴雨表。[①] 在欧洲,金融时报集团还拥有法国的重要报刊出版商法国回声报业集团以及西班牙主要的财经商务报纸《扩张》。此外,金融时报集团还拥有世界著名的政治与商业杂志《经济学人》所属经济学人出版集团(The Economist Group)50%的股份。《金融时报》等财经报刊是金融时报集团发展商业信息服务的重要基础。

当代信息服务业以数字化、网络化及为特定用户群体提供定制信息服务为特征。为发展信息服务业务,金融时报集团一方面积极实施数字化与网络化转型,如建有《金融时报》网站,该网站收录了约14 000家公司的相关信息,以及约3 500家报刊的数字化内容。2001年金融时报集团进军英国的移动通信市场,利用英国电信公司遍及英国的移动通信网络使得读者可以在手机上阅读《金融时报》的数字化内容。另一方面,金融时报集团通过自办或并购积极发展信息服务业务。其《经济学人》就有为一些政府、贸易和交通社团提供商务数据及评论信息的业务,其下属公司IDC(Interactive Data Corporation)则专门为金融机构和个人提供金融市场的各种数据和分析。2006年,培生集团收购并购市场资讯公司(Mergermarket),以此来扩张金融时报集团网络在线金融信息产品的品种范围。并购市场资讯公司专门以电子形式向其客户传送信息,其客户包括全球前30大投资银行中的29家,前20大律师事务所中的18家,前30

---

① 大佳网:金融时报集团,http://www.dajianet.com/world/2011/0425/154133.shtml.

大私募资金公司中的25家,是典型的商业信息服务提供商。① 通过上述举措,金融时报集团显然正逐渐由传统的报刊出版商向当代商业信息服务商转型。

(3) 大众出版业务

培生集团原本的三大出版业务板块——教育、金融及大众出版中,教育出版及金融出版业务事实上已分别被整合及重组到培生教育集团的教育业务及金融时报集团的信息服务业务之中,大众出版业务则并未被整合进其他相关集团,而是被视为培生集团三大战略核心业务之一,由此足见培生集团对大众出版业的发展前景具有一定信心。培生集团的大众出版业务由旗下企鹅出版集团专门承担。

企鹅出版公司于1935年创建,20世纪70年代被培生集团并购,此后,企鹅不断购入其他出版公司,组建了企鹅集团(Penguin Group),1996年,企鹅集团收购了美国知名大众类图书出版商普特南出版集团(Putnam Berkley Group),成为世界上最大的大众图书出版商之一。企鹅集团实施专业化经营战略,专注英语大众类图书的出版业务,涉及出版类别包括高品质的小说、非虚构类大众图书及儿童图书等,企鹅尤其注重出版各种文学奖得主的小说作品、经典文学名著等,还致力于开发和宣传文学界新人的作品。企鹅集团出版的图书每年均会有众多品种成为欧美乃至世界图书市场的畅销书,登上各权威畅销书排行榜。企鹅集团的大众出版业务一直是培生集团总体业务收入中较为稳定的一环,自1997年培生集团重组以来开展的并购并不多。2000年,培生集团收购英国多林·金德斯利(Dorling Kindersley)出版公司(即DK公司)并将其并入企鹅集团。DK公司出版的插图书非常有特色,专门为企鹅的各类图书尤其是儿童图书出版插图版。20世纪90年代末,培生集团在出版业务方面开始为数字化

---

① 中文百科在线:培生教育集团,http://www.zwbk.org/MyLemmaShow.aspx? lid=222204.

转型做准备,要求旗下以企鹅集团为主的所有经营出版业务的公司建立"数字仓库",将图书等出版物的数字化版本存储于其中,以此为基础实施跨媒体出版,以满足不同读者对不同媒介形式出版物的购买需求。以此为基础,企鹅集团给读者提供纸本书、电子书、有声书乃至可下载文件等多种形式的出版物,1999 年,企鹅启动了图书"现需现印"的业务及按需印刷(POD)业务,实现了按读者需求生产图书的出版新模式。

第三阶段:深度专业化发展阶段(2007 年至今)

自 1997 年培生集团实施战略重组后,虽然核心业务组合包括教育、商业信息和大众出版三大领域,但培生集团在资源投入上明显倾向于教育业务,在多核专业化经营中更加侧重于教育业务,而这一发展战略经事实证明是正确的,给培生带来了丰厚的市场回报。在 1997 年至 2007 年十年间,培生集团的教育业务总的销售额增长了 5 倍,利润增长了 6 倍,至 2007 年,培生教育集团在培生集团总体销售中的占比达到 60%,利润占比达到 64%。[1] 培生的教育业务仍呈现出快速增长的态势,在培生集团总收入中的占比还在提高,据统计,2009 年培生集团的整体营收中培生教育集团占了 67%,而金融时报集团以《金融时报》品牌为核心的商业信息业务收入占比仅 15%,企鹅出版集团收入占比约 18%。[2] 值得注意的是,近十年的发展表明,培生教育集团乃至整个培生集团的整体收入中分量最重的一块业务是中小学教育出版,2006 年,这部分业务的销售额占培生集团的 33%,培生教育集团的 56%,而且呈现出较快增长的势头,同比增长了 6%。培生集团的中小学教育出版收入的 65% 来自以美国为主的北美市场。在 2006 年,美国中小学教育出版市场整体下滑 9%,但培生教育在美国的中小学出版业务却逆势上扬了 3%,主要得益于培生不断

---

[1] 中文百科在线:培生教育集团,http://www.zwbk.org/MyLemmaShow.aspx? lid=222204.
[2] 史川轩:《全球最大教育出版集团培生会卖FT?》,http://tech.qq.com/a/20100806/000025.htm.

投资于新的基础教育项目,并不断创新数字教育技术服务。① 同时,其他企业抛售教育出版业务的潮流中培生的逆势买进使得培生在美国中小学教育出版领域占据了越来越高的市场份额,在多方面有着绝对领先的市场地位,这也是培生中小学教育出版营收逆势增长的重要原因。

教育业务显著的商业成功使其事实上成为整个培生集团的经营主业。教育出版尤其是中小学教育出版业务对于培生集团经营收益的巨大贡献也使其认识到了"内容"根本性的重要作用。2009 年,培生首席执行官马乔里·斯卡迪诺(Marjorie Scardino)用四个关键词概括了培生集团的发展战略——内容(content)、服务(services)、国际主义(internationalism)和效率(efficiency),表明培生集团确立了在内容、新技术和服务、国际市场、运营效率四个方面开展进一步投资的发展战略,这四个方面无一不与进一步发展教育业务有关,事实上,培生集团已逐渐将原本为集团三大核心业务之一的教育上升为整个集团的主要业务,但其发展思路有所调整,将其下一阶段努力方向确定为"全球教育业务",即在全球范围内构建起教育产业链。培生集团开始整合更多的资源来推进和发展其"全球教育业务",甚至不惜出售或转移其在另外两大核心业务领域的资源转向该领域。这使得培生集团进入了围绕教育业务实施深度专业化经营的发展阶段。

2010 年 7 月,培生集团出售金融时报集团旗下的子公司 IDC 的 61%的股权,套现资金达 20 亿美元左右,是近年来培生集团出售的最大规模的企业资产。IDC 主要从事金融信息服务提供业务,由于在欧美国家金融及财经领域信息服务业的快速发展,IDC 事实上是金融时报集团最具成长性的部分,在某种程度上是金融时报集团不可或缺的支柱型企业。2013 年 11 月,培生集团出售了金融时报集团旗下的并购市场资讯公司,

---

① 中文百科在线:培生教育集团,http://www.zwbk.org/MyLemmaShow.aspx? lid=222204.

该公司是培生集团2006年并购的,同样具有较好的成长性,在金融时报集团的金融信息服务业务中能够起到重要作用。2013年7月,培生集团下属企鹅出版集团与贝塔斯曼集团下属兰登书屋合并各自在全球范围内的所有出版业务,组建"企鹅兰登书屋"出版集团,其中贝塔斯曼拥有53%的股份,培生集团仅拥有47%的股份。[①]这些重大并购重组举措表明了培生集团正整合集团资源集中发展其教育相关业务。IDC和Mergermarket的出售表明培生集团认为其金融信息服务业务不符合培生集团当前发展全球教育业务的战略定位,尽管金融信息服务业务同样具有快速增长的市场。出售所得的资金则被培生集团用于发展教育产业,围绕其发展"全球教育业务"的战略,具体而言主要用于通过并购等举措发展全球新兴市场、数字化教学、数字化出版以及其他教育服务。在数字化教育方面,2012年10月,培生集团收购了美国在线教育服务提供商Embanet Compass集团。在发展全球新兴市场方面,中国市场是培生集团的首要目标。

培生集团在20世纪90年代初就开始发展在华业务,但至21世纪初在华业务的主要形式是和中国相关出版社合作出版英语及其他学科的教材、参考书或工具书,即主要为教育出版业务。但2007年以后,随着培生集团大力发展新兴市场的教育业务,培生教育在中国的经营战略有了新的发展方向,不再仅仅专注于以英语教育图书出版为主的教育出版业务,而是开始大力开拓英语培训业务,形成英语教材推广与培训相结合的经营模式,利用教材与培训业务的相互协同、相互促进来获得远超仅仅依靠教材所获的品牌影响力和经济收益。培生教育自办或与中国相关培训机构合作建立"朗文学校",作为其开展英语培训的自有品牌连锁机构,培生教育主要通过并购中国境内的英语培训机构在中国市场发展英语培训

---

① 《贝塔斯曼与培生集团合并 企鹅兰登书屋成立》,http://book.sina.com.cn/news/.

业务。2008年,培生教育收购了上海乐宁教育中心和北京的戴尔英语。2009年,培生教育收购了知名跨国英语培训机构华尔街学院旗下的中国分支"华尔街英语(中国)",华尔街英语(中国)在中国大中城市有近40家培训中心。2011年,培生教育更是收购了中国英语教育培训行业的领先企业"环球天下教育集团",环球天下教育集团在与培生合并前一直表现出良好的成长性,伴随着中国教育培训市场的高速发展,环球教育逐渐实现了集团化、全国化和资本化,成为纳斯达克上市公司,是国际公认的中国出国语言考试领先培训提供商,其教育培训业务已实现多元化,从英语教育逐渐拓展到其他语种培训、留学咨询、中小学辅导、科学普及等领域。① 培生教育对环球教育的并购使其跃居成为中国境内英语培训市场规模与所占市场份额数一数二的企业,从而足以与中国本土英语教育服务商"新东方教育集团"一争高下;同时也使培生集团能够以发展英语教育培训业务为基础,在中国教育市场进一步拓展其他业务。培生在中国所构建起的规模庞大的以英语教育为主的培训业务与其图书出版及相关教育服务业务相辅相成,使其能够在中国教育市场获得极为可观的经济收益。

第四节 媒介融合中我国出版业的集团化发展

一、中国出版业集团化发展历程

在当代世界传媒业发展变迁进程中,围绕各类传媒产业组织发生传媒产业资源的聚合和重组是媒介融合趋势的重要体现形式,传媒企业的集团化或由传媒企业集团推动开展的并购和重组则是当代媒介融合的具

---

① 《环球教育集团与Pearson国际教育集团发布收购计划》,http://www.gedu.org/cooperation/.

体途径和方式。20世纪以来欧美一些国家的传媒业发展历程表明,集团化是提高产业集中度、实现规模效应最有效的途径,20世纪八九十年代以美国为代表的欧美国家的出版传媒集团均通过不断地并购重组来实现扩大自身规模、提高市场份额、不断优化企业资源组合以应对市场变化或转型发展、开拓全球市场等战略发展目标。欧美出版强国的产业实践已表明,集团化已成为当代出版业发展壮大、在世界出版业大市场中获得一定竞争优势的必经途径。20世纪80年代后期,我国出版界也开始认识到实施集团化发展的重要性,有了一些初步的尝试。

1988年到1989年间,我国出版业在发行领域率先尝试组建了若干跨地域的发行集团。1988年11月,全国多个地方的文艺出版社联合成立了"地方文艺出版社联合发行集团"。1989年6月,华东6省1市(山东、江苏、浙江、安徽、福建、江西、上海)的新华书店联合成立了"华东省级新华书店发行集团"。这两个集团的组建都是由具体的出版发行单位自发地组织实施的,并非由政府主导推动,但集团结构较为松散,成员单位之间只是以出版物销售业务为纽带,并没有资本及行政上的关联,严格来说不能视为真正意义上的企业集团,仅可被视为集团的初级形式,或出版单位间的联盟关系,这种出版集团存在时间很短,很快自行解体。[①] 1992年后,我国加快发展社会主义市场经济,出版行政主管部门也开始重视出版业的集团化发展,1992年4月至5月间,出版行政主管部门在相关工作会议上明确提出了要加强出版行业的联合,开展建立出版、印刷、发行集团的试点工作,我国出版业再一次开始集团化尝试,在一些省份开始出现地方出版集团,如1992年成立的山东出版总社、四川出版集团公司和1993年成立的江西出版集团等。这些出版集团及下属各成员单位仍属于事业单位性质,并未实现企业化运作,内部以行政关系为纽带,集

[①] 王建辉:《出版集团的成长历程》,《编辑之友》2008年第6期。

团的成立并未带来经营和绩效上的改善,但这一阶段的地方集团化试点也为此后我国出版业的集团化积累了一定经验。

1998年,我国出版行政主管部门正式确立了通过集团化推进我国出版业发展的战略部署,1999年,中宣部与新闻出版署开始批准成立试点出版集团,标志着我国出版业的集团化在中央政府的政策推动下进入快速发展时期,出版集团将在全国范围内集中快速涌现,对我国出版业格局产生深刻影响。1999年2月24日,上海世纪出版集团作为经中央主管部门批准的首家试点出版集团成立,在我国当代出版业发展进程中具有里程碑意义。1999年12月,广东出版集团也挂牌宣告成立,此后至2000年年底,全国先后成立了8家地方或行业出版集团。2002年4月,中国出版集团作为国家级大型出版集团宣告成立。

为促进我国出版业的集团化工作,国家的一系列宏观指导政策也陆续出台。2002年6月,原新闻出版总署出台《关于新闻出版业集团化建设的若干意见》指出要在试点集团的基础上,加快新闻出版业集团化的建设,并明确了出版集团建设的相关政策、体制和规划。2002年7月,中宣部、原新闻出版总署出台《关于进一步加强和改进出版工作的若干意见》,再次要求积极推进出版业集团化建设,重点工作是培育大型出版集团,且要以资产为纽带进行体制创新。2002年8月,原新闻出版总署出台《出版集团组建基本条件和审批程序》和《发行集团组建基本条件和审批程序》,对我国出版集团的组建提供了重要的政策指导和规范要求。截至2002年年底,全国共成立10家出版集团,但此时我国出版集团及其成员总体上均为实行企业化管理的事业单位,即出版集团还不是企业集团,并没有确立市场主体地位。

2002年11月,十六大对深化文化体制改革、加快发展文化事业和文化产业作出重大部署。2003年,我国开始开展文化体制改革试点工作,确定了9个省市和35家文化单位作为试点地区及单位,中国出版集团及上海、广东、辽宁、吉林四家地方出版集团位列其中。2003年12月,国务院办公厅发布了《关于印发文化体制改革试点中支持文化产业发展和经营性文化事业单位转制为企业的两个规定的通知》,明确提出了出版集团可以转制为企业,出版集团转制为企业后,在保留原有投资主体的前提下,允许吸收国内其他社会资本投资,还可通过股份制改造,实现投资主体多元化,符合条件的可申请上市。[①] 2005年12月,中共中央、国务院下发《关于深化文化体制改革的若干意见》,对全面开展和深化文化体制改革工作作出了部署,提出要重塑文化市场主体,按照现代企业制度的要求,加快推进国有文化企业的公司制改造,完善法人治理结构。文化体制改革工作的开展进一步加速了出版业集团化建设的进程,河北、山西、河南、湖北、江苏、浙江、安徽、四川、云南等省级出版集团陆续组建。在文化事业单位改制政策推行后的集团化建设工作中,转企改制开始成为出版集团化工作中的一项重要内容。2004年3月,在国务院授权批准下,中国出版集团公司成立,使中国出版集团首先在身份上从事业单位转换为企业。2005年11月,安徽出版集团成立时就直接设立为有限责任公司,成为全国第一家在组建时就实现转制的大型出版集团。

转企改制为出版集团进行股份制改造及兼并重组、上市融资奠定了重要基础。2005年12月,上海世纪出版集团与上海大盛资产有限公司、上海精文投资公司、上海联和投资有限公司、东方网股份有限公司、浙江出版联合集团等国有投资主体共同发起设立上海世纪出版股份有限公司,成为中国出版业第一个整体转企改制的股份制公司,是我国出版业转企改制后最早探索股份制改造并以此募集发展资金的大型出版集团,首次实现了真正以资产为纽带的跨地区、跨媒体的资源、资本整合,[②] 也揭开了我国出版集团实施兼并重组的序幕。欧美出版传媒集团的发展经验

---

① 王建辉:《出版集团的成长历程》,《编辑之友》2008年第6期。
② 同上。

已表明,兼并重组是发展壮大及实施转型最重要的"助推器"。2006年及以后,一些大型出版集团在完成转企改制的基础上积极开展股份制改造,并进一步筹备上市融资、尝试兼并重组,谋求通过资本运作实现集团跨越式发展。2006年7月,原新闻出版总署出台《关于深化出版发行体制改革工作实施方案》,明确鼓励出版集团和发行集团相互持股,进行跨地区、跨部门、跨行业并购重组。出版集团的跨地域及跨行业的兼并重组有利于突破我国出版业条块分割的分布状况。据不完全统计,2007—2010年间,我国出版集团跨地域、跨行业、跨所有制的整合多达二十多起。2007年12月,江西出版集团联合中国宋庆龄基金会重组中国和平出版社方案获批,这在我国出版业首次实现跨地域兼并重组,也是首例由地方出版集团公司对中央部委所属出版单位进行重组。① 2009年,安徽出版集团签约重组安徽省中国旅行社,实现跨行业重组。2009年,长江传媒股份有限公司所属的湖北教育出版社与民营出版策划人王迈迈组建湖北商文出版传媒股份有限公司,实现了跨所有制的重组。长江传媒股份有限公司与非公经济联合组建的北京新世纪文化公司(北京图书中心)、海豚文化传播公司也是跨所有制重组的成功案例。《关于深化出版发行体制改革工作实施方案》也提出要积极推动有条件的出版、发行集团公司上市融资,做大做强做优。2006年8月,辽宁出版集团有限公司作为主要发起人以发起方式设立辽宁出版传媒股份有限公司,2007年12月,辽宁出版传媒股份有限公司在上海证券交易所上市并公开发行股票,成为国内首家将编辑业务与经营业务打包上市的出版企业,被称为"中国出版传媒第一股"。2008年1月,时代出版传媒股份有限公司在安徽合肥成立并成功上市,安徽出版集团有限责任公司作为第一大股东成为我国实现整体上市的首家出版集团。这些情况表明,中国出版集团开始步入资本化运

---

① 王建辉:《出版集团的成长历程》,《编辑之友》2008年第6期。

作时代。总体而言,2003—2008年间,是我国出版业集团化建设的一个快速发展期,至2008年年底,我国共组建出版集团29家。

2009年原新闻出版总署出台《关于进一步推进新闻出版体制改革的指导意见》,中央政治局常委会发布《关于深化中央各部门各单位出版社体制改革的意见》,我国出版业开始全面推进转企改制工作,我国出版集团建设又有了新的发展。又有若干大型出版集团得以组建,并在组建的同时实现转企改制。截止到2014年年底,我国已组建出版集团共计32家,发行集团共计27家。① 上市融资已成为我国出版集团普遍寻求的资本运作方式,也成为我国出版集团建设的亮点。截止到2014年年底,在政府的积极扶持下,我国已有15家出版业上市公司,业绩总体上呈现出较为良好的发展势头,其中地方出版集团是上市主力。与此同时,政府鼓励和促进经营业绩良好的出版集团开展兼并重组以进一步增强自身整体实力和市场竞争力。《关于进一步推进新闻出版体制改革的指导意见》明确提出,我国出版业要通过支持跨地域、跨媒体、跨行业、跨所有制的战略重组,培育出若干家资产超百亿,收入超百亿的"双百亿"大型出版传媒集团。2012年,江苏凤凰出版传媒集团有限公司、湖南出版投资控股集团有限公司、安徽出版集团有限责任公司和山东出版集团有限公司等4家出版传媒集团的主营业务收入和资产总额均突破100亿元,成为"双百亿"集团。② 2014年,江西省出版集团公司与安徽新华发行(集团)控股有限公司也跻身"双百亿"集团行列,使我国"双百亿"出版集团的数量由4家增至6家,表明我国出版传媒骨干企业的实力在持续提升。③ 总体而言,近年来,产品经营和资本经营并重已开始成为我国出版集团的主要

---

① 中国出版网:《2014年新闻出版产业分析报告》,http://www.chuban.cc/hw/yw/201507/t20150717_168610.html.
② 国家新闻出版广电总局:《2012年新闻出版产业分析报告》,http://www.doc88.com/p-7824234850825.html.
③ 吴尚之:《积极推进传统出版与新兴媒体融合发展,实现中国出版业繁荣发展的新未来》,2014北京国际出版论坛。

经营法则,我国出版集团实力不断显著提升,产业骨干作用和地位较为凸显。[1]而战略性兼并重组的开展将促进我国产生若干个重量级的出版传媒集团,参与国际出版市场竞争,并推动我国文化走向世界。

二、政府是我国出版集团前期发展的主导力量

我国出版业集团化建设最主要的特点是,迄今为止,政府在出版集团的组建与发展过程中始终起着主导性作用。换言之,政府是我国出版集团前期发展的主导力量,一直以行政力量推动着我国出版业集团化建设的进程。纵观我国20世纪90年代末以来的出版集团化进程,政府一直是出版集团建设战略的总体设计者、政策制定者。我国出版业集团化是出版体制改革的重要组成部分,从新制度经济学中的制度变迁理论来看,政府事实上在我国出版集团化这一重大体制变迁过程中扮演着制度供给者的角色。制度变迁包含"自上而下"的强制性制度变迁和"自下而上"的诱致性制度变迁两类,强制性制度变迁是由政府以行政命令和法律形式引入和实行的制度变迁。诱致性制度变迁则是由个人或非政府社会组织受新制度获利机会的引诱,自发倡导、组织和实现的制度变迁。显然,政府主导带有相当的强制性,在我国出版集团化过程中,即使有关出版单位并非主动愿意也必须按政府的制度安排参与集团化进程,政府甚至在出版集团化的发展路径、推进进程及转企改制、股份制改造、上市融资等重要集团发展行为实施的时机上都能起着决定性作用。应该说,我国出版业集团化具有政府主导特色符合我国出版业发展的现实需要,具有重要且积极的意义。

我国当代出版业自改革开放后才开始重新发展,和欧美等出版强国

---

[1] 胡惠林:《我国文化产业政策文献研究综述(1999—2009)》,上海人民出版社2010年版,第232页。

相比产业底子非常薄弱,在计划经济体制和条块分割的产业布局之下,我国出版业总体产业规模有限,出版生产单位普遍存在个体实力偏弱的问题,由于缺乏大型出版企业,产业集约化经营的水平不高,规模经济效益差,产业集中度较为低下,使得我国出版业整体实力不强。但随着我国改革开放的不断深化及我国加入世界贸易组织(WTO),我国出版业将逐步向世界开放市场,允许国际出版产业力量的进入,这使得我国出版业将面临来自国际出版市场的具有显著品牌优势及资本优势的超级跨国出版集团的强大市场压力。显然,我国出版业只有积极应对国际化的市场竞争,打造实力强大、具有国际竞争力的大型出版集团,才能在日趋全球化的出版业市场中生存与发展。但在20世纪八九十年代,我国出版业长期处在计划经济体制之下,市场敏感度和竞争意识薄弱,经营缺乏长期规划,自身改革发展动力和意愿不足,虽然有少数具有国际化视野及远见卓识的出版业精英早就提出了一些发展建议,但并不足以唤起我国出版业整体觉悟和行动。另一方面,我国出版社长期作为事业性质单位存在,市场要素的流动程度比其他国有企业还低,客观上也不具备通过市场机制由自身发起组建集团的条件和实力。[①]

在这种情况下,由政府高瞻远瞩地制定相关政策与规划,强力推动我国出版机构组建一批出版集团,并通过一系列扶持与引导政策推动出版集团发展壮大就非常具有必要性,因为如果我国出版企业完全在市场的推动下自发行动组建出版集团,在时间上将相对较漫长,出版集团数量与规模的发展也较缓慢,很可能错失有限的发展时机,在国际出版业强有力的产业竞争者进入中国市场后,我国出版业很可能被整体迅速击垮,出版市场快速被国际出版巨头占领。而政府强力推动出版集团建设,在出版集团的组建与初期发展阶段将体现出极高的效率,在政府的强制力下,出

---

① 李虎:《我国的出版集团研究》,云南大学研究生学位论文(硕士),2011年。

版单位资产重组的难度和障碍会低很多,也能够迅速整合各种政策及产业资源,从而实现资产的快速聚合与出版集团规模的迅速扩展,使得重大集团化发展举措能够快速、广泛地实施,从而能够在较短的时间内实现我国出版业的集团化和规模化发展,提高我国出版业的产业集中度,使我国出版业在逐步面对国际竞争的过程中赢得极为宝贵的发展时间和不断增强的对抗实力。

但从世界出版业的发展情况来看,当今欧美国家的一些在国际出版市场上具有领先优势的出版传媒集团都是在市场竞争的环境下,受到市场变革及技术变革等外部因素的推动,并根据自身扩大规模、实现特定发展战略的需要,通过不断地并购、重组,经历了数十年或上百年的时间才发展壮大的。这种集团发育成长方式更加符合产业与经济发展的规律,集团各种产业资源的聚合和配置均是通过市场方式实施的,即在集团资源不断配置的过程中市场起着主导性作用,当然同时也要求其发展空间是自由、公平、开放的市场经济环境。通过这一途径发展起来的欧美大型出版传媒集团的各种业务组合及资源的配置更为合理,由于符合市场规律,其集团各项资源配置能不断优化,一般而言能够带来充分的规模经济与范围经济效益,业务间也常具有协同效应,集团的产业价值链清晰,战略目标明确,从而带来较好的集团经营绩效,使集团具备较强的市场竞争力。

我国的出版集团化由政府主导,虽然具有迅速完成组建、转企、上市等重大发展步骤,在短时间内发展到可观规模等益处,但我国所有出版集团的组建过程相比于欧美大型出版集团的发展历史来说时间极短,在资源与业务整合的合理性上难以保证,资源配置过程中未充分发挥市场的作用,由于政府行政力量对集团资源配置的强势主导,导致资源配置过于仓促、结构不尽合理,很多出版集团的组建被称为是众多单体出版社及相关企业通过行政力量"捏合"而成,在一定程度上甚至是"乌合"式集团,而非由成员企业"融合"后在业务上具有整体协调性和关联性的集团,使得出版集团难以获得规模经济效益。另一方面,我国出版体制改革及出版业集团化发展总体上属于市场化改革,政府主导出版集团的组建与发展显然与改革的方向相矛盾,政府在集团化过程中的种种制度安排带有一定的计划经济色彩,阻碍了出版集团发展过程中的市场资源配置作用的充分发挥,在出版集团运营过程中带来权力意志盛行、政企不分、效率低下等种种问题,很可能使得我国出版集团在今后转型发展成为真正意义上的现代出版传媒企业集团的路途中为解决这些问题付出较高的成本与代价,从而对我国的出版集团乃至整个出版业的进一步发展造成严重制约和障碍。

三、我国出版集团今后发展面临的制约因素

1.出版集团分布区域化分割

在我国已经组建的出版集团分布中,根据省级行政地域区划的不同组建的地方出版集团占了多数,几乎一个省一个出版集团。多数省域出版集团是由各省不同类别的出版社加上省辖的发行单位、印刷厂组合而成;在所辖出版机构上都包括了各省原本存在的人民社、科技社、教育社、少儿社等;出版的图书产品种类同样体现为上述各类出版社所出版的图书类别的加总,并没有整合出版资源形成少数市场竞争优势突出的出版领域,在出版市场竞争中也体现不出自身品牌竞争力与特色。各省域出版集团之间及全国出版集团分布大格局中产业同构性严重。此外,国务院部委系统也主要依托系统内原有各级各类出版社组建出版集团,如中国出版集团和科学出版集团等。换言之,我国出版业的块状分布在集团化时代得到了延续,在地域性上甚至由于各省出版集团在本省一家独大地位这种块状分割而有所强化,造成全国出版市场被各省级地方出版集

团"割据"的局面。

集团化发展本是打破我国出版业的地区分割、布局均衡局面的重要途径,但出版集团的区域化分布,某种程度上促使区域性出版经济的壁垒加剧,在全国范围内难以形成非均衡性的市场竞争和兼并重组环境。[①] 虽然我国出版集团已开展了一些跨地区的兼并重组,但对这种出版经济区域性分割的局面还难以起到改善作用。出版集团分布的区域化十分容易带来新的区域垄断和省域间的壁垒,使得我国出版业难以形成全国一体化的大市场,也使得我国出版集团在今后的发展中跨区域的兼并重组难度加大。目前,我国省域出版集团数量虽多,但每个出版集团的规模都还不够大,出版集团的区域化分布不利于跨地域的更大规模的市场竞争优势突出的出版集团的形成,从而使得我国出版产业集中度难以进一步提高。最后,在当前世界经济一体化的趋势下,世界传媒与出版集团都纷纷通过跨国并购实施全球化发展战略,以占领世界传媒与出版市场份额,我国目前基于省域分别构建出版集团的模式显然是与这种趋势背道而驰的,只能视为我国出版业整合出版产业资源的暂时举措,未来这种划地而治的格局显然必须打破。

2.出版集团的跨领域扩张及引资存在行业壁垒

在媒介融合趋势下,集团框架内实施跨媒介经营已成为当今世界领先的大型传媒集团或出版传媒集团的重要经营战略,可使集团获得显著的范围经济效益。媒介业务的协同和融合可使内容资源一次开发后便可通过多种媒介形式发布和售卖,从而使内容资源获得充分开发,也使媒介业务上升到内容产业或创意产业领域,并获得非常可观的综合经济效益,媒体业务间也可通过协同实现共同发展,从而提高市场竞争力。在跨媒介经营中,欧美出版集团主要有两种参与方式:

---

① 王建辉:《出版集团的成长历程》,《编辑之友》2008年第6期。

(1)出版集团是更大规模的大型传媒集团的子集团,而出版集团的出版业务是传媒集团的跨媒体产业链的重要一环。例如,西蒙—舒斯特出版集团是世界领先的出版集团之一,在畅销书出版领域尤其具有领先优势。其母公司为维亚康姆传媒集团,维亚康姆集团同时还拥有派拉蒙集团等子公司经营电影业务、广播电视业务、广告业务等。在维亚康姆媒体帝国的产业链中,西蒙—舒斯特的出版业务与电影、电视等业务可协同开展畅销书的延伸开发。如西蒙—舒斯特可销售派拉蒙电视作品的图书版以及其他延伸版权。①另外如世界性出版巨头哈珀—柯林斯出版集团,其母公司则为新闻集团,新闻集团在全球拥有800多家企业,业务涉及电影娱乐、广播电视、有线电视节目网、卫星直播电视、杂志和插页、报纸、图书出版和其他相关行业,而哈珀—柯林斯出版集团的组建也是新闻集团通过并购完成的。

(2)大型出版传媒集团以出版业务为主,通过并购将业务拓展到其他媒体领域,以顺应媒介融合的发展趋势。典型的如贝塔斯曼出版传媒集团。在贝塔斯曼的发展历程中,始终坚持出版主业,但同时也以打造内容产业为核心,价值链为思路,以资本运作为手段,形成先出版后传媒的出版传媒集团。今天的贝塔斯曼集团的主要架构,包括古纳亚尔(杂志出版)、兰登书屋(一般图书出版)、施普林格(STM专业出版)等传统出版业务,还包括广播电视、音乐娱乐业务,此外还有图书俱乐部及印刷业务,成为由出版扩张到全媒体的全球化出版传媒集团。② 值得注意的是,无论是哪种方式,目前,出版业务在欧美传媒或出版集团的总收入中通常占比都不高。在维亚康姆集团总的媒体收入中,西蒙—舒斯特的贡献率一般不超过5%。③ 以2012年为例,图书出版和期刊出版分别仅占贝塔斯曼

---

① 刘伯根:《出版集团战略投资论》,新星出版社2011年版,第119页。
② 同上书,第121页。
③ 同上。

集团总收入的 13.4% 和 13.9%。①

事实上,跨媒介经营是欧美传媒或出版集团实施或参与多元化经营的最典型形式,多元化经营并不限于媒体业务领域,往往还涉及其他产业领域。传媒或出版集团通过并购进入其他产业实施多元化经营,也可获得可观经济利益。另一方面,欧美一些大型跨产业集团通过注资或并购经营传媒或出版集团并不少见,例如,法国的拉加德尔集团主营产业包括机械制造、航空航天以及电讯等,同时也经营出版和媒体业务,拉加德尔拥有阿歇特出版集团 41% 的股权,2004 年,拉加德尔收购了维旺迪环球出版集团。2006 年,拉加德尔又收购了美国时代华纳集团旗下的时代华纳出版集团,进入美国传媒与出版市场。拉加德尔集团的绝大部分经营收入同样来自其工业领域,其经营媒介与出版业务的原因主要在于将优质的出版业及传媒业资产作为战略性资产进行投资,以获得长远的经济利益,因为当今内容产业已逐渐成为知识经济时代世界经济新的增长点。

从上述情况来看,在市场经济条件下,出版集团通过资本化运作实施参与跨媒介经营,甚至涉及业务不相关领域的多元化经营,在很大程度上能够增强出版集团的资本实力,提升市场竞争优势,有助于实现出版集团的跨越式发展。这应是我国出版集团今后顺应媒介融合趋势取得更大发展的主要成长途径之一。但目前我国出版集团还难以通过这一途径实现快速扩张和参与媒介融合进程,主要在于我国出版业及传媒业跨行业发展还存在"行业壁垒"。对出版业而言,行业壁垒具体表现为两种:

(1) 出版企业进入其他媒介及文化行业的壁垒。这一壁垒是由我国传统媒介分割管理体制造成的。一直以来,我国对新闻出版单位的管理实行严格的业务分工,书、报、刊等不同媒体之间界限分明,新闻出版单位不准涉足广播影视等其他文化领域。与国外综合性传媒集团相比,我国

---

① 数据来源:贝塔斯曼官网,http://www.bertelsmann.com.

出版集团的内容资源结构较为单一，以纸媒为主，还无法与我国广播影视媒体实现整合。一些出版企业在集团化过程中，虽然有效整合了当地的书、报、刊，但也只能局限于本行政区域，很难对全国的纸媒资源进行整合。这使得我国出版集团难以顺应媒介融合趋势，实施跨媒介经营，打造全媒体化的产业链，获得显著范围经济优势。同时，媒介分割的管理体制也阻碍了我国传媒业构建业务涵盖广播电视业、新闻出版业、互联网业等领域全媒体化的大型传媒集团，这种传媒集团能以其产业链和价值链优势带动我国出版业发展。

（2）其他行业进入出版业的壁垒。这一壁垒主要来自于政府对出版业架设严格的准入门槛。在我国出版业被赋予强烈的意识形态属性，因此被设置了极高的进入门槛，行业外资本不能随便进入，国有资本也不例外。近年来，为了加快出版企业股份制改造，实现产权多元化，政府开始在政策上逐渐允许业外资本进入出版业。2012年，原新闻出版总署发布《关于加快出版传媒集团改革发展的指导意见》，提出"引入其他行业大型国有企业作为战略投资者"。虽然政府放松了对业外国有资本的进入限制，但其他行业的国有资本也只能以参股的方式进入出版业。目前我国出版业以传统图书出版业为主，总体产值并不是很大，每年约600亿元，在新闻出版业的1.2万亿元的总产值中占比只有5%左右；目前我国传统图书出版业陷入"滞胀"，利润水平显现出下降趋势，这使得业外国有资本以参股方式进入出版业的愿望并不太强，我国出版集团融资的实际状况也表明了这一点。这使得我国很难出现像法国拉加德尔集团那样的愿意对出版业进行战略性投资的跨产业集团，缺少业外资本的强力支持，我国出版集团的资本实力显然难以实现快速增长。

3. 非公有资本参与出版集团化面临所有制壁垒

我国出版业的所有制壁垒主要指非公有资本进入出版业的屏障。在我国，非公有资本经营的图书出版业务一般被称为"民营书业"。20世纪

80年代间我国出现了小型民营书店,涉足图书发行业的零售环节,成为当时新华书店系统这一我国当时唯一的图书发行体系的补充力量,促进了我国图书产品的销售,也给读者购买图书提供了便利。这些小型书店市场敏感度高,经营机制灵活,其中一部分迅速发展成为规模化的民营图书发行公司,2003年我国部分民营图书发行公司获得"总发行权",在发行领域开始与新华书店系统并驾齐驱。20世纪90年代,我国也出现相当一部分民营图书公司、民营文化企业,包括一些民营图书发行公司,主要出于追逐利润的动机,开始向图书出版核心业务如图书策划及图书编辑业务渗透,逐渐形成一批民营图书文化公司,这些民营图书文化公司具备机构精简、管理高效、市场意识强等特点,在我国教辅出版及大众出版领域成功占据越来越多的市场份额,极富市场竞争能力,从而获得快速发展。至2011年,我国从事图书出版策划业务的民营图书文化公司达3万家。在一定意义上,我国民营书业对国有图书出版业逐渐从从属和依附关系发展为竞争关系。2009年相关统计数据显示,当时我国图书市场上约有50%—70%的文艺类图书、40%的社科类图书、80%的教辅图书、50%的少儿图书以及90%以上的大众畅销书出自民营图书文化公司之手。[①]可以说,民营书业事实上已经占据了我国图书出版市场的"半壁江山"。2009年4月,原新闻出版总署发布《关于进一步推进新闻出版体制改革的指导意见》,首次明确肯定"非公有出版工作室"已成为我国新闻出版产业的"重要组成部分",提出要将非公有出版工作室纳入行业规划和管理,引导其"健康发展"。2010年1月,原新闻出版总署出台《关于进一步推动新闻出版产业发展的指导意见》,将民营书业视为"新兴文化生产力",并明确提出要"鼓励、支持和引导非公有资本以多种形式进入政策许可的领域。"[②]

[①] 刘蒙之:《中国民营书业发展的多维历史情境分析》,《现代出版》2012年第3期。
[②] 同上。

从当前我国民营书业规模的发展趋势来看,未来我国民营出版企业通过兼并重组发起组建民营出版集团是符合产业发展规律的,但目前我国的出版管理制度显然不允许此类出版集团的出现。当前,我国民营出版企业只能被国有出版集团并购和控股,民营出版企业则不能参股国有出版企业。民营出版力量理论上是最愿意注资国有出版集团及出版企业的非公有资本,而在其他产业领域我国还存在着大量的非公有资本,但我国出版业引入非公有资本还存在严格的政策限制,制约了这些非公有资本投资于国有出版企业及出版集团。所有制壁垒的存在一方面打击了壁垒之外的资本力量参与推动我国出版产业发展的积极性,另一方面又助长了壁垒之内的依赖性,总体而言是降低了我国出版产业的整体效率。此外,所有制壁垒也是导致我国出版业难以顺利实现数字化转型的因素之一。欧美数字出版业的发展历程表明,信息技术商、数字媒体商和出版商之间展开基于共赢的合作和资本层面的并购是数字出版业能够取得快速发展的重要原因之一。由于所有制壁垒的存在,我国国有出版集团或企业收购和控股非公资本信息技术商和数字媒体商是政策允许的,而由非公资本信息技术企业或数字媒体企业收购或控股传统出版企业或出版集团则受到体制制约。当前我国优秀信息技术企业和数字媒体企业几乎均是非公资本背景,往往有着远超我国普通单体出版企业的资本实力,显然不愿意被国有出版资本收购和控制。所有制壁垒的存在导致出版内容和信息技术无法通过资本运作实现双向融合,无疑在一定程度上影响了我国数字出版业的发展。

本章小结

媒介融合趋势包含媒介的数字化改造。数字技术已经全面而深刻地影响了出版业,提高了出版工作效率和质量,数字出版已成为出版业新业态。传媒企业间的并购重组及集团化发展是媒介融合在传媒产业组织层面的主要表现形式。欧美传媒企业集团化主要通过并购等资本运作方式实现,当代欧美大型传媒集团是推动欧美乃至全球传媒企业并购的主导力量。集团化不断进行带来产业集中度的提高,欧美及世界传媒市场已经出现极少数巨型传媒集团占据了大部分产业资源和市场份额的现象。欧美传媒产业实践证明,集团化运作是传媒企业转型发展效率较高且切实可行的途径,集团化有助于实现跨媒介经营,也有助于传媒业突破原有产业边界,寻找新的发展空间。迄今欧美出版传媒集团经营发展模式包括(1)同领域扩张,(2)跨媒介经营,(3)跨行业多元化经营,(4)国际化经营,(5)数字化转型,(6)跨行业专业化整合。在媒介融合趋势下,传统出版业增长存在瓶颈,欧美出版传媒集团发展主要存在三种典型模式:(1)在数字化转型中彻底实现由出版商向信息提供商的转变,(2)在数字化转型中经营主业由出版业切换到信息服务业,(3)以出版业务为核心和基础,积极开拓延伸产业链。

我国出版业集团化相对于欧美国家起步较晚,政府在我国出版集团的组建与发展过程中始终起着主导性作用。政府主导在我国出版集团的组建与初期发展阶段体现出极高的效率。但政府主导阻碍了市场充分发挥资源配置作用,会产生出版集团运营政企不分、效率低下等问题,并不利于我国出版集团今后的进一步发展转型。此外我国出版业集团化的深入发展还面临区域分割而集中度不高、跨领域扩张及引资存在行业壁垒、吸引非公有资本助力出版集团化存在所有制壁垒等体制障碍或制约因素。

第4章
媒介融合趋势下我国出版业的转型发展

第一节 在媒介融合视角下重新认识出版的本质与价值

一、传统条件下出版等传媒门类间存在"载体技术壁垒"

"出版"一词,法语为 publier,英语为 publish,这些词来源于古拉丁语 publicare,本义为"公之于众"。在人类社会发展到工业文明时代后,印刷术得到广泛应用,以纸质图书、报纸、期刊为主要产品的现代出版业得以形成并成为人类社会重要的行业门类,书籍、报纸和期刊的印刷出版成为大众传播业的一种重要形态,出版在概念上逐渐具有了现代意义,迄今国内外对于出版的定义有很多不同的表述。在国际上,具有代表性的是联合国教科文组织 1952 年讨论通过,1971 年修订出版的《世界版权公约》第 6 条给出的定义:可供阅读或者通过视觉可以感知的作品,以有形的形式加以复制,把复制品向公众传播的行为。在我国,2001 年国务院公布的《出版管理条例》中,出版活动被确定为包括出版物的编辑、复制(印刷)和发行等方面工作在内的活动过程。显然,这些有代表性的界定都是结合印刷载体的物理特性及生产途径来表述的,如《世界版权公约》强调"有形的形式"和"复制",而我国《出版管理条例》强调印刷这一出版物的复制方式。值得注意的是,这一类的出版定义基本均是在数字化的网络媒介产生或广泛普及之前给出的,换言之,主要是针对传统出版的特征总结的。

在数字技术及网络普及应用到大众传播领域之前,即在传统媒介技术条件下,人类大众传播业各门类间存在着较为显著的差异,不同的传媒业部门经营着不同的媒介形式,部门之间可谓泾渭分明,媒介产品之间在外在形态、所传播内容的属性上均差异明确,媒介生产工作各环节也存在显著不同,其区别具体如表 4.1 所示。换言之,在传统技术条件下,不同的媒介形式必须由不同的媒体生产机构承担生产经营工作,媒介生产技术设备、媒介内容采集加工手段和流程的不同使得一种媒介形式的媒介生产机构无法介入另一种媒介的生产领域。表 4.1 所列的传统媒介形式中,印刷媒介、电波媒介和光影媒介均有各自的经营机构和产业链,这三种媒介细分类别在产业之间几乎没有交叉领域。即使在同一细分类别中,不同的媒介也难以由相同的媒介经营机构兼营。例如,图书出版社依靠相同的人员机构、生产流程难以同时经营期刊,而图书出版社显然更加无法从事新闻时事报纸的出版工作。这就造成传统的大众传播活动清晰地分为图书出版、期刊出版、报纸出版、广播、电视、电影等几大独立的类型,这几类大众传播活动也属于不同的独立的社会专业分工,相应的也分别有独立经营这些媒介的产业存在。进一步来说,在传统媒介技术条件下,造成这种不同大众传播活动通过各自独立的产业来运营的主要原因,首先在于和这些大众传播活动相联系的传播媒介的物理特性及其生产技术差异,即存在"载体技术壁垒",造成出版、广播、电视等不同传媒子产业各自分立运行,无法相互取代;其次在于这些大众传播活动所传播的内容及其组织形式上的差异,例如,在出版领域中图书出版活动和期刊出版活动之间的差异。上述差异性的存在是传统意义上的出版活动、出版业、出版机构或企业得以存在与发展的基础。

表 4.1 传统大众媒介的特性与区别

媒介类型		内容的主要形式	内容的存储与传送载体	内容的呈现载体	受众对内容的获取方式
细类	具体形式				
印刷媒介	图书	同一主题的文字作品	印刷的纸质图书	纸质图书	视觉阅读
	报纸	文字形式的新闻报道及评论	印刷的纸质报纸	连续定期面世的纸质报纸	视觉阅读
	杂志	多篇由不同作者撰写的文章	印刷的纸质期刊	连续定期面世的纸质期刊	视觉阅读
电波媒介	广播	以口语、音乐表现的各种声音内容	有线或无线传送的电磁波	收音机	听觉收听
	电视	以图像为主表现的各种视频内容	有线或无线传送的电磁波	电视机	视觉收看
光影媒介	电影	以图像为主表现的单一主题视频内容	电影胶片	大幅投影屏幕	视觉收看

二、媒介融合条件下载体技术壁垒趋于消失

在数字技术推动下,互联网媒介快速发展,并形成媒介融合的趋势,上述情况发生了很大变化。互联网不仅集所有传统传播媒介的功能于一身,能够传播文图声像等所有形式的信息内容,而且在传播功能与效率上还远超传统媒介,当前,互联网上的各种应用与服务非常多样化,所存储

的信息内容更是极为丰富,涵盖人类社会迄今为止的各个知识门类,涉及人类社会生活的每一个领域。在当代社会,人们已经越来越多地通过互联网来获取各种信息内容,网络这一数字新媒介在一定程度上已对各种传统传播媒介产生了替代性,以往需通过不同的传统媒介承载与传播的信息内容得以脱离对相应的传统媒介载体和媒介生产技术的依赖,都可以以数字化形式在互联网上存储与传播,并通过相同的数字化终端媒介呈现给受众。也就是说,在网络媒介上,不同形态的信息内容数字化后在存储与传输上已经没有差异了,在载体和传播上差异性消失后,传统意义上的不同传播活动类型之间的差异仅剩下内容本身。图书出版社可将其生产的数字化的图书产品,即电子书放在网站供读者通过自己的普通电脑、平板电脑或智能手机阅读,电视台同样可以将自己采编的电视节目放在网站上,观众仍然通过自己的普通电脑、平板电脑或智能手机收看。

在这种情况下,以图书出版为例,出版活动可以表述为,它是使特定作者具有统一主题的一般以文字为主要表述方式的著作公之于众的活动,出版活动的产品则仍然称之为图书(Book)。值得注意的是,在数字技术条件下,数字图书的内容形态及组织方式和传统的纸质图书可以有很大的差异,纸质图书只能线性地呈现文字及图表内容,数字图书则可以是多媒体化的,可以包含音频和视频,内容间也可以通过超链接互相联系,数字图书可以是互动的,数字图书甚至也有"有声书"这种诉诸人的听觉而非视觉的特别形式。这表明在数字条件下,图书在形态上与纸质图书可以有很大的差异。事实上,数字图书已是一种"多媒体作品",之所以将其称之为图书的一个原因在于,在普通电脑、平板电脑或智能手机等内容显示终端上,通常以一个独立的"文件"或"应用"的形式存在,但完全相同的内容在互联网上完全可以以一个 Web 网站的形式存在。这提醒我们,使用"数字图书"这一概念是人们在传统媒介条件下对不同内容产业按其载体形式作划分的思维的延续,更具体来说,是从传统出版视角出发对于互联网上所传播的内容的刻板认识。网络媒介所传播的均是信息内容,只不过在表现形态上包含文字、图像、音频和视频等多种形式。从这个意义上来说,假设网络成为人类社会信息传播的主要媒介,那么大众传播业的整体格局会发生巨大的变革,目前的大量传统媒介生产部门在数量上将急剧减少,将被边缘化,很多将不复存在,取而代之的将是新生的信息内容生产部门。

三、媒介融合视角下对出版本质与价值的认识

上述分析和假设仅是一种理论推演,但不争的事实是,以往各类传统媒介生产经营的载体技术壁垒已被数字技术和互联网冲破,各类传统媒介的经营者和对应产业因"载体技术壁垒"获得的一定程度上的垄断经营优势也因互联网而丧失,这就使传统传播媒介产业和经营企业产生一定的生存与发展危机。当然,每一类传统媒介产业目前都积极进行数字化转型,通过互联网提供信息与内容服务,在此过程中获得经济收益。

在传统出版工业中,出版活动包括编辑、复制(印刷)和发行等环节,出版活动是建立在工业化物质商品生产和流通基础上的生产方式。尽管出版的目的和价值在于出版物上所承载的精神内容,但是,出版活动的价值却是按照工业化有形商品的生产消费过程来实现的,尽管出版活动传播的是文化知识内容,但知识的承载物生产仍要经历工业化生产环节进入物质流通领域,人们必须购买实物形态的纸质图书等出版物才能消费出版物所承载的知识内容和信息。在数字化的网络媒介条件下,经编辑加工后的作品的精神内容独立于纸质图书等有形物品而存在,以数字化形式在网络中存储与传播,最终阅读时可采用多种终端载体,使作品中精神内容的共享与消费完全脱离了物质载体的限制,购买和消费作品就是获得对作品中的精神内容和知识信息的访问和阅读权利。如果将这种作

品的编辑加工生产过程称之为出版活动,那么可以很清楚地看到,出版的本质是对人类精神文化内容的发掘与传播,出版活动的核心内容就是对承载了人类精神文化内容作品的采集、编辑加工和传播。出版的价值集中体现于出版物之上,出版物的价值来源于其附加了作者的创造性精神劳动的价值,以及出版者在编辑出版工作中所付出的创造性精神劳动的价值。对于凝结了作者大量创造性精神劳动的作品,如果再附加上出版者发掘与编辑加工等工作中所付出的大量创造性精神劳动,那么,最终的出版物无论采用怎样的媒介形式,都能够带来相当的经济效益和社会效益,这就是媒介融合时代出版的价值所在,以及出版业继续生存与发展的根基。正如世界出版巨头培生集团的核心出版理念所言——有价值的信息值得付费。①

第二节 政府应给出版转型发展提供市场空间与制度环境

从人类传播媒介的发展与演进的角度出发,当代的媒介融合趋势意味着以网络为代表的新兴数字化新媒介因集传统媒介功能于一体,将逐渐成为人类信息传播的主导媒介,在这个意义上,所有传统媒介都必须实施数字化转型,将其信息内容产品通过网络这一融合媒介传播。从传媒产业的发展角度出发,媒介融合意味着在巨大的技术变革和市场变革背景下,围绕着产业组织开展的媒介产业资源的大规模重新整合,目的在于充分利用优质产业资源,淘汰价值不高的产业资源,使产业组织更有效率,充分开发新市场,从而使产业的经济产出更高。媒介融合是当代媒介技术与市场发展带来的必然趋势。结合前文分析的当代中外传统出版业的发展状况、媒介融合趋势下欧美出版企业转型发展的趋势与经验,本研

---

① 王涛:《培生数字化转型秘诀》,《经济日报》2011年11月12日。

究认为,在媒介融合趋势下,我国出版业转型发展的方向在于,顺应媒介融合大趋势,优化传统出版业务,积极开展数字化转型,深入实施集团化发展,开拓产业融合领域,努力进军全球市场。我国出版业要顺利实施转型发展,目前还需要政府履行应有职能,提供良好的市场空间和制度环境。

一、政府应简政放权,使市场充分发挥资源配置作用

从欧美出版业的发展经验来看,无论是出版企业或企业集团的数字化转型,还是出版企业的集团化发展,都是在开放、自由、规范的市场环境下实施的,由市场机制充分发挥资源配置作用是欧美出版业实现产业资源优化配置,顺应媒介融合取得跨越式发展的重要条件。市场机制是依靠市场表现出的供需矛盾进行资源分配和组织生产的一种产业经济运行机制,实践证明它是一种符合市场经济运行规律并能有效推动产业经济发展的资源配置机制。市场机制源于从事经济活动的人或组织进入市场后追求利益最大化的经济理性和动机,以及由此产生的市场交易行为。市场机制应是市场经济体制下资源配置的主要机制,具体而言,通过价格机制、供求机制、竞争机制、利益机制支配着资源配置的方向、资源配置的数量和资源流动的速度。使各类资源能够以最快的速度配置到市场短缺的或最需要的部门和行业。在我国社会主义市场经济条件下,我国的手机、家电和汽车等产业的快速发展已经证明充分发挥市场机制的作用对于产业的发展至关重要。[①]我们看到,近年来,我国在新闻出版体制改革的进程中,政府在出版业的集团化、数字化发展过程中都起着主导性的作用,然而出版体制改革本质上是一种市场化改革,一方面,要使我国出版

[①] 孙宝寅、崔保国:《准市场机制运营:中国的出版集团发展与现状》,清华大学出版社2007年版,第169页。

企业真正走向市场,提高市场竞争力,另一方面,更要建立完善的出版市场机制,使市场成为配置出版产业资源的主要手段。但政府凭借权力意志力量成为推动出版体制改革的主导力量,显然与这一市场化的改革方向是存在矛盾的,政府主导出版体制改革,在改革初期确实能够体现极高的效率,但由于其与市场化的矛盾性,必然给这一快速发展的改革遗留下很多体制性问题,使后期改革成本更高。随着我国出版业市场化改革的深入,改变政府在出版体制改革和出版业转型中的角色,是我国出版业未来转型发展必须破解的难题。

要推动我国出版业顺利转型发展,应使其符合市场经济规律,也应让市场在随出版产业转型发展而产生的产业资源大规模重新配置的过程中起到主导作用。当前,我国出版业对体制改革的目的、方向及自身利益有了更为清晰的理解,作为出版制度变迁的两种力量,政府和出版企业都有了自己的理性预期,希望通过改革实现各自的目的。我国出版体制改革逐渐呈现出强制性制度变迁和诱致性制度变迁相融合的特征,即在统一的改革方向下,政府和出版机构可相互借力,共同推动出版体制的重构和出版业的转型。我国学者孙宝寅、崔保国2004年曾提出一种"准市场机制",这种机制一方面依靠市场表现出的供需矛盾进行资源的分配和组织生产与服务,同时发挥政府行政指令机制的宏观调控的约束作用,可作为我国出版体制改革和出版业转型由政府主导向市场主导过渡过程中的产业调配机制,[1]这种机制在一定程度上与我国出版业改革与转型现阶段的进程相适应,具有一定现实适用性。但值得注意的是,党的十八大报告已经指出,经济体制改革的核心问题是处理好政府和市场的关系,必须更加尊重市场规律,更好地发挥政府作用。党的十八届三中全会在《中共中央关于全面深化改革若干重大问题的决定》中进一步指出,经济体制改革

---

[1] 孙宝寅、崔保国:《准市场机制运营:中国的出版集团发展与现状》,清华大学出版社2007年版,第171页。

是全面深化改革的重点,其核心问题是处理好政府和市场的关系,使市场在资源配置中起决定性作用和更好发挥政府作用。显然,党和国家在推进改革的布局中,市场在资源配置中已经需要从"起基础性作用"发展到"起决定性作用",这就表明,我国出版业下一步的发展转型应加速推进市场在产业资源重组中发挥决定性作用。

在我国出版业的转型发展过程中,要处理好政府与市场的关系,目前主要是处理政府"做得太多"的问题,出版业的市场化改革与转型发展应以效率为导向,我国出版企业需要通过市场激励实现技术创新、生产率提高和资源的更有效配置。政府行政力量应逐渐减少对行业与企业的多方面干预。政府需要尊重市场规律,逐渐简政放权,要逐渐加快还权于市场、还权于企业。市场、企业能做的一定要让市场、企业去做,市场、企业办不了做不到的,政府也应尽可能地减少行政干预手段,较多地运用经济、法律手段来干预调控。但改变政府"做得太多"的现状并不意味着政府"做得越少越好",事实上,发展经济学理论中的"刘易斯悖论"指出,政府"做得太少",也不利于经济与产业发展。政府应加快转变职能,健全相关法律法规,对出版行业的管理向法制化、规范化方向发展。政府在我国出版业的发展转型过程中,应通过法律和必要的经济规制,防止各种垄断行为,保护市场竞争的公平性和充分性,鼓励创新和优胜劣汰。政府对出版业转型发展也应提供必要的基础设施保障,如出版业实施数字化转型,政府应在发展网络设施的基础上为出版业提供服务与保障。政府应积极鼓励出版行业组织的发展,并与其开展合理分工。政府对出版产业运行还应履行一定的宏观调控职能,主要应通过财政手段,最大程度地减少直接干预。政府应逐渐取消对非公资本背景的出版企业的歧视性待遇。为此,政府应精简机构,建立服务型和高效廉洁的政府,为出版业的改革与转型发展提供应有的服务。

二、政府应变革出版管理制度,消除媒介融合的各种体制障碍

在媒介融合的发展趋势下,我国出版业已开始数字化转型的步伐,在政府的主导下,出版业集团化进程在较短的时间内实现了快速推进。根据党和国家的战略部署,我国出版业顺应媒介融合的趋势,进一步发展转型主要需依靠市场起到资源配置的主导作用。目前我们看到,在我国出版业产业资源进一步深度重组进程中,还存在很多制度性障碍和壁垒,包括一些计划经济时代的出版管理制度的延续,以及如前文所提及的行业壁垒和所有制壁垒等。政府部门在将权利逐渐让渡于市场和企业的过程中,必须着重消除这些障碍和壁垒,促进我国出版业形成开放、公平、统一的产业要素和资本市场,使得产业资本能够在符合经济发展规律的条件下顺利流动,以便为市场充分发挥资源配置作用奠定基础。为此政府必须尊重市场和产业发展规律,实施管理思维和管理制度创新。

1.消除行业壁垒和地区壁垒,促进多元传媒或出版传媒集团的形成

一直以来,我国采用媒介分割管理制度,不同的媒介受不同的媒介管理部门垂直领导,不能越界经营其他媒介业务,媒介管理与经营的条块分割致使跨媒介融合在我国传媒业难以实现。不同媒介之间的融合和交叉是未来传媒发展的大势所趋,为顺应媒介融合趋势,政府部门在媒介管理上应打破媒介行业间的壁垒,促进其渗透和融合,这符合传媒业发展的内在逻辑。国家在媒介管理领域应该进一步推进大部制改革,在已组建国家新闻出版广电总局的基础上逐步取消各级新闻出版、广播电视电影、文化管理和信产部门的多头管理,建立更为统一、精简、高效的媒介产业管理机构,统领新闻出版、广播电视、信息与通信产业的融合发展,推动我国传媒集团、出版集团实现跨媒介的兼并重组。

同时,我国出版业还缺乏来自其他工商业领域资本实力雄厚的战略

投资者,政府应研究制定具体的政策措施,加快引入战略投资者,使我国出版企业和出版集团获得实施转型发展更充沛的资本。在率先引入业外大型国有企业集团国有资本的过程中,应进一步放松有关限制,尝试使业外资本实力远超我国出版集团的国有企业集团并购或控股出版集团,这在经济上对于我国出版集团及出版业的发展有着强大支持作用。

另一方面,目前我国出版业集团化建设呈现出按省域分布的特点,省级出版集团虽多,但规模都不够大,不利于进一步提高我国出版业的集中度,我国中央和地方政府部门应充分协调,着眼于我国出版业的整体发展,打破出版企业和出版集团跨地区经营及实施兼并重组的种种限制和地区壁垒,使出版产业在全国形成生产要素能够充分而自由流动的统一大市场,为我国出版业组建跨地区的远超现有省域出版集团规模的全国性大型出版集团创造条件。

2.消除所有制壁垒,汇集各方力量推动出版业转型发展

目前我国众多民营出版文化企业已经具有较强的市场竞争力,在我国大众出版、教辅出版市场总体份额上占据了"半壁江山",管理部门也逐渐承认了民营出版企业是我国出版业的新生产业力量、重要组成部分,但对其经营出版业务的限制并没有实质放松,民营出版企业尽管已经实质参与了出版经营活动的所有环节,但仍旧没有获得正式的出版权,只能采取与国有出版企业合作的方式参与出版,在我国出版集团化进程中,民营出版企业也处于被动的被并购或被控股的地位。在数字出版领域,我国一些新兴的民营数字内容与信息服务提供商近年来利用互联网经济的高速发展而快速崛起,这些内容服务提供商早已涉足数字出版领域,且拥有了已超过大多数国有出版企业的资本实力,这类数字内容提供商也无法主动参与我国出版集团建设与发展。在产业之外,同样有大量的非公有资本因政策限制无法参与到我国出版集团的建设发展进程中来。

从提高我国出版产业效率及加快实施业态转型的角度来说,我国出

版业建设具有世界竞争力的大型出版集团及实现数字化转型,理应充分吸引这些非公有资本背景的产业力量参与集团的发展与转型。非公有资本和市场主体具有完全的市场特性,是市场上最有活力的力量,给予非公有资本和市场主体参与我国出版业转型发展平等的市场地位和公平参与竞争的权利,符合产业经济发展规律。我国出版业所有制壁垒的存在主要是出于历史原因形成的意识形态安全考虑。但在当代社会开放的传播环境下,所有制壁垒的存在并不能成为意识形态安全的主要保障手段。在我国开展文化体制改革的大方向下,在出版领域打破所有制壁垒,建立主体多元的出版业格局,实现出版业投资主体的多元化,建设能够自由竞争的公平的出版业市场环境,有利于出版业的整体转型发展。在吸引非公有资本和市场主体助推我国出版业转型发展时,应注意渐进性和有序性,逐步放开相关限制领域,不断尝试并积累经验。对非公有资本和市场主体参与我国出版集团建设或国有出版业数字化转型予以规范管理,制定相适宜的政策与制度,引导其有序参与和助推我国出版业的转型发展。

第三节　出版企业应通过有效的转型战略实现新的发展

我国各类出版企业转企改制后,成为了真正的市场主体,在我国出版业的转型发展过程中,应充分发挥市场主体的地位,顺应媒介融合的大趋势,正确定位自身在我国出版业改革发展转型大格局中的方位,并由此积极进行转型发展。出版企业实施转型发展还需若干前提与基础:首先,我国出版企业应完善自身的经营管理机制,提高企业运营效率。具体来说,我国出版企业目前应进行规范的公司制改造,逐步建立现代企业制度,完善公司治理结构,提高企业内部决策的科学性和有效性;同时完善公司管理机制,建立有效的管理制度,提高企业各环节工作的效率,以此为企业的转型发展奠定良好的基础。其次,我国出版企业应根据媒介融合趋势,结合传媒业及出版业发展的总体规律与趋势,积极寻找适合于自身的转型战略和转型发展路径。不同的出版企业与出版集团,资本实力各不相同,也有着各自的细分业务领域和业务组合,以及各自的优势与短板,需要根据自身情况确定发展目标,再结合媒介融合大趋势,制定相适宜的经营与发展战略。

虽然不同的出版企业与出版集团个体的转型发展战略可能各有侧重,但在媒介融合大趋势下,对我国出版企业和出版集团而言,也存在着共同的宏观转型战略方向,可作为我国出版企业与出版集团制定个体战略时的参考依据。总的来说,为顺应媒介融合趋势,我国出版企业转型需要实施两大宏观发展战略,分别是数字化转型和集团化发展。

一、数字化转型

当代媒介消费市场的总体趋势是,媒介使用者使用网络等数字媒介的时间远超过任何一种传统传播媒介。网络已逐渐成为当代人类传播与获取信息的主要媒介。互联网作为融合媒介不仅集中了人类信息传播系统几乎所有的传播功能,也在集聚越来越多的使用者,这就要求出版企业将其生产的出版产品以数字化形式通过网络来进行传播销售。如果出版企业固守纸质出版,那么很可能会面临市场份额的减少,进而面临生存与发展危机。如第二章所分析,在媒介融合趋势下,由于消费需求的减少,传统出版业总体上已经很难再实现规模增长,因此当代世界各国的出版企业,都必须实施数字化转型。

1.积极发展数字出版新业态

目前,在美国等出版业发达国家,出版企业实施数字出版的技术条件与市场条件均已成熟,其数字出版业市场如电子书市场快速增长,数字出版业务在美国出版企业总体收入中的占比逐年快速增加,已经成为美国出版业新的增长点,电子书业务也将逐渐成为美国出版业的主要收入来源。但是在我国,虽然目前传统出版企业实施数字出版的外部技术条件也已成熟,但市场环境还不成熟,图书出版社的主要收入来源还是来自印刷版图书的销售,电子书业务收入还非常低。主要原因在于第二章所分析的,首先是我国数字出版产业利益分配严重失衡,出版社与作者的合理回报得不到保障;其次缘于数字版权保护力度不够,侵权现象一时还难以全面遏制;最后也与市场不规范,一些数字出版企业的商业伦理缺失有关。

因此,我国出版企业要实施数字化转型,顺利开展数字出版业务,必须首先营造一个良好的市场环境,这一环境的营造则需要政府及数字出版产业链各方的共同努力。政府应尽快完善数字版权立法、提高数字版权法律保护水平,也应采取措施加强行业管理,规范数字出版产业市场,约束一些占据数字出版产业链关键环节的数字出版平台服务商开展诚信经营,以此为众多传统出版企业转型开展电子书业务创造良好的市场环境。数字出版平台服务商也应认识到,当前无论是"平台为王""渠道为王""终端为王"均只能维持一时,出版产业从根本上来说,仍然是"内容为王",因此必须充分尊重作者与出版社的合理利益,要认识到只有与作者、出版社平等合作,多方共赢,才能共同推动数字出版产业快速发展。当前,数字版权产业链相关各方应着眼于产业发展大局,在合作中寻求共赢。对于我国传统出版企业而言,也应为开展数字出版业务做好各方面准备,而非被动等待条件成熟,同时探索突破困境的有效办法,以积极的姿态迎接出版转型。

2.努力开拓融合市场业务

值得注意的是,在媒介融合趋势下,传统出版企业实施数字化转型,销售传统出版物的数字化版本并非唯一选择。在媒介融合条件下,由于内容产业、信息技术产业间的产业融合与渗透,在各产业市场重叠领域已产生一些融合市场,近年来正处于高增长与高收益发展阶段,出版企业开展数字化转型时,也应积极关注这些新生的融合市场,条件具备时应积极开拓融合市场业务。当前尤其值得关注的是信息服务业市场,正如第三章中介绍的,欧美大型出版传媒集团因为信息服务业市场的高收益性,大多凭借原有出版传媒业务或通过并购进入该市场领域占据可观市场份额,获取高额利润。例如,汤姆森集团已完全从出版传媒集团转型为信息服务提供商;而励德·爱思唯尔集团通过数字化转型,积极扩展信息服务业务,同时收缩传统出版业务,专业信息服务业务的收入已超过传统出版业务成为集团收入的主要来源;信息服务业务也曾是培生集团的主营业务之一;其他如美国著名教育出版商麦格劳—希尔(McGraw-Hill)集团,信息服务业务也已成为其核心业务之一。我国出版企业或出版集团开拓或转型发展经营信息服务业的目前仍较为少见,事实上,信息服务业可视为出版传媒业务的衍生业务,出版传媒企业原有的内容资源可成为开展信息服务业务的重要基础,我国出版企业或出版集团也应通过数字化转型积极开拓信息服务业务,尤其在专业出版领域,我国出版企业有必要尝试。

3.优化传统出版业务

在实施数字化转型的同时,我国出版业还必须解决传统纸质出版业务发展方式转变的问题。根据第二章的分析,我国传统图书出版业进入21世纪以来尽管出版品种规模呈现出快速增长的趋势,但实际上这是一种表面繁荣,图书出版业整体已陷入"滞胀"困境,利润水平并未相应增长,纸质图书出版业务整体盈利预期不佳。因此,在传统出版市场空间已难以增长的情况下,我国出版业要实现转型发展,还必须优化传统出版业务,改变单纯追求品种数量增长的发展方式,转而追求做优,即控制出版品种规模,通过优化选题,努力提高单品种图书产品的质量和效益,将传统出版做精做优,这也是传统出版企业顺利实施数字化转型、数字出版业务获得较好收益的重要基础和前提。政府应通过合适的经济或财政手段对传统出版业实施调控,逐步改变图书出版业依赖品种扩张的局面,使我国传统出版业从"滞胀"困境逐步脱身,以提高我国传统图书出版业的发展质量和效益。

二、集团化发展

当前,世界范围内传统出版业都面临市场规模难以增长甚至逐渐缩减的困局。出版业要获得进一步发展,必须转变发展方式,延伸出版业务价值链,开拓新的市场领域。20世纪90年代欧美出版业的发展表明,产业资源通过出版企业的集团化实现集聚,以此为基础提高出版业的规模经济效益,是当代出版业实现增长重要和必经的途径,这一途径是媒介融合的重要表现形式,符合传媒与出版产业总体的发展规律。

1. 实施规模化和集约化经营,形成大数据优势,部署数字化转型

集团化可为出版业顺利实施转型发展、开拓传统出版业务以外的市场领域提供条件和可能。我们看到,在媒介融合趋势下,传媒业、出版业与信息技术产业发生融合,产生了基于互联网的新型信息服务业。信息服务业实际上与传媒业及出版业有着密切的联系,其业务的开展必须以大规模的内容和信息资源作为基础,也就是说,传统出版企业要实施数字化转型,进入信息服务业市场,获得新的增长点,首先必须在数字化内容资源上实现规模化和集约化经营。例如,剑桥大学出版社共出版300多种学术期刊,使得剑桥大学出版社得以充分发挥内容资源的规模优势,将旗下的200多种学术期刊过往卷册全部数字化并在全球销售,创建了剑桥期刊回溯数据库。[①] 进军信息服务业必须以能够实现内容资源的"大

---

① 陈凤兰:《剑桥大学出版社学术期刊运营特色探究》,《科技与出版》2013年第4期。

数据化"为前提,这对于传统的单体出版社实际上并不现实,尤其在我国,传统出版社的内容资源规模大多不足以单独开展数字出版或信息服务业务。出版企业实现集团化发展后,就可以在集团范围内聚合内容资源,形成大数据优势,为开展数字出版业务乃至进军信息服务业创造有利条件。这表明,我国出版企业实施数字化转型和集团化发展是密切相关的,推进集团化有助于我国出版业实现数字化转型,数字化转型也应是我国出版集团下一阶段的重要战略部署。

2.以出版业务为基础,开拓关联产业大市场

出版业集团化发展,有利于个体出版社抱团发展,并通过资本化运作,在更大的相关产业领域中寻找新的市场机会,同时使出版集团获得新的市场定位和市场地位。以培生集团为例,培生集团的业务以教育出版为主,教育出版业务也是其主要收入来源。但单纯依靠教育出版,虽然有着稳定和可观的经济收益,但增长与发展空间有限。培生积极实施战略转型,集团经营领域以教育出版为基础,拓宽到整个教育产业链,使有着更大市场空间的教育业务成为集团的主营业务,教育出版作为其教育业务的重要一环。不唯培生集团如此,其他欧美集团的发展体现了同样的转型趋势,都是以集团化和资本化运作为基础,在原有出版业务的基础上,将主营业务扩大化,使得出版作为新的主营业务的重要一环。例如世界著名出版集团麦格劳—希尔(McGraw-Hill)集团,其核心业务包括教育、信息与媒体、金融服务,和培生的业务领域拓展方式类似。这些出版集团的转型发展方式体现了世界出版产业的总体发展趋势,对于我国出版业集团化发展有重要启示。

我国出版业集团化后,要实现快速发展,如果固守出版业务已难以达到发展目标,但可以以出版业务为基础,根据出版业务所属的更大科技、文化或教育领域,将集团主营业务定位为涵盖出版业务、覆盖更广泛市场空间的更大型的业务,例如,将教育出版业务扩展至教育业务,进而通过

并购等资本化运作手段打造包含出版业务新的业务产业链与价值链。这无疑将使我国出版集团得以在更大的市场领域获得发展,而新的大型业务的开展也有助于原有出版业务的发展,从而实现产业协同效应和范围经济优势。事实上,由教育出版业务拓展到教育业务,与发展信息服务业一样,同样是产业融合带来的新的产业机遇。出版集团发展教育业务,开拓整个教育市场,是在媒介融合的趋势中,出版企业集团化后,出版业与教育业发生交叉和融合的结果。也就是说,在产业层面,媒介融合不仅体现为传媒业、出版业产业资源的聚合,也体现为传媒业、出版业与其他相关产业的资源聚合。

3. 建设规模和竞争力国际领先的国际化出版传媒集团

20世纪90年代以来,欧美出版业通过行业并购,产生了为数更少但规模更为庞大、市场地位更为重要的出版传媒集团,[1]这些出版传媒集团在其所在国家乃至全球都占据较大市场份额,欧美出版业已呈现高度集中化的局面,这也是世界出版业的发展趋势。但现阶段我国出版集团仍表现为省域分布的格局,几乎每个省有一个出版集团,出版集团数量较多,但规模都不够大,即使是目前的数个"双百亿"集团,和欧美大型出版传媒集团相比,规模差距还非常大。例如,在2009年,作为当时我国综合经济规模最大的出版集团,江苏凤凰出版传媒集团的盈利规模仅达培生集团2008年盈利规模的11%左右。[2] 这就要求我国出版业集团化下一阶段应尽快打破集团化发展的地域限制,使我国出版集团能够顺利实现跨地区并购和重组,进而打造全国性的更大规模的出版集团,使其足以在世界出版市场上与当今欧美大型跨国出版集团相抗衡。

---

[1] 孙宝寅、崔保国:《准市场机制运营:中国的出版集团发展与现状》,清华大学出版社2007年版,第174页。
[2] 中国新闻网:《出版集团上市可期 非公资本蓄势待发》,http://www.chinanews.com/cul/2010/08-18/2475667.shtml。

我国出版集团还应积极向跨媒介、跨行业的业务多元的出版传媒集团发展。在媒介融合趋势下,媒介之间的界限正在逐渐消解,综合开发利用各种媒介形式,聚合海量信息并以最便利、最快捷的方式传播信息,即"一次创建、多次使用、多渠道传播、多媒体发布",从而获得最大的经济收益,已经成为内容产业最经济的生产手段。实施跨媒介发展,整合全媒体业务有助于我国出版传媒集团有效地发挥规模经济和范围经济的优势。实施跨媒介和跨行业发展,尤其是在开展跨行业的多元化业务时,我国出版传媒集团应处理和协调好多元化和专业化的关系。我国出版集团发展时间短,通过多元化经营可增强整体资本实力和抗风险能力,因而多元化经营就成为出版集团的发展战略之一。如安徽出版集团涉足医药行业,凤凰出版集团涉足房地产领域等,这些高利润行业可为出版集团创造丰厚的利润,在一定程度上能够起到反哺出版主业的作用。国际出版集团的发展历史也证明了多元化经营在企业特殊发展阶段的作用。但是,当前大多数国际著名出版传媒集团经历了多元化发展之后,都逐渐收缩了业务领域,出售与主业相关性不大的产业,逐步转向专业化,将自己的目标定在范围较狭窄、专业性的业务上。[①] 如培生集团目前已集整个集团的资源发展教育业务。专业化有利于在细分市场中形成规模优势和品牌优势,我国出版集团在下一阶段的发展过程中,也应逐步向专业化转型。目前,我国出版集团同构化严重,缺乏专业特色,难以在特定市场领域确立领先优势,今后应通过内涵式专业化重组发展培育核心竞争力,形成自己的品牌优势、规模优势和市场优势。

此外,我国出版集团还应积极推动跨所有制整合,我国民营出版业已是非常重要的产业力量,在大众出版和教育出版领域竞争力极强,我国出版集团增强实力和市场竞争力,应充分整合民营出版业的力量,这有助于

[①] 孙宝寅、崔保国:《准市场机制运营:中国的出版集团发展与现状》,清华大学出版社2007年版,第174页。

提升我国出版业整体实力。在数字出版领域,我国国有传统出版企业的数字出版业务发展缓慢,但非公资本背景的数字出版企业近年来发展非常迅猛,我国出版集团整合非公资本背景的数字出版企业有助于加快推进数字出版转型。总的说来,经充分开展跨地区、跨媒介、跨行业、跨所有制整合重组,我国应形成少数专业优势突出、集团规模和竞争力堪比国际一流出版传媒集团的大型出版传媒集团,在此基础上,我国出版传媒集团应参与世界出版市场竞争,在世界出版业大格局中占据若干席领先位置,应成为我国出版传媒集团新的发展目标,这也是我国发展成为世界出版强国的重要途径。

本章小结

面对媒介融合,需要突破传统媒介视角下对出版的刻板认识。在媒介融合视角下,出版的本质是对人类精神文化内容的发掘与传播,具体而言是对承载了人类精神文化内容的作品的采集、编辑加工和传播。出版活动的价值在于提供有价值的信息和作品。作为出版物的作品的价值来源于其创作者和出版者付出的大量创造性精神劳动。

媒介融合趋势下,出版业必须通过转型来实现持续发展。基于这一认识,并借鉴欧美出版业的发展经验,可将我国出版业转型发展的方向与战略设计为:顺应媒介融合大趋势,优化传统出版业务,积极开展数字化转型,深入实施集团化发展,开拓产业融合领域,努力进军全球市场。

为实现这一转型发展战略,应完善我国出版业市场,促进我国出版业形成开放、公平、统一的产业要素和资本市场,使得市场在出版产业资源配置中起决定性作用。应调整政府与市场关系,政府应简政放权,改革出版管理制度,消除我国出版业顺应媒介融合转型发展的各种体制障碍。我国出版企业和出版集团应尽快建立现代企业制度,在宏观转型战略上应实施数字化转型和深化集团化发展。在数字化转型上,我国出版业各方应共同努力完善数字出版的商业模式和产业链,同时积极开拓信息服务业等融合市场业务。在集团化发展上,应基于出版业务在更大的关联产业领域开拓新的市场空间,应进一步开展跨地区、跨媒介、跨行业、跨所有制重组,构建若干规模和专业优势突出的大型国际化出版传媒集团。

结　论

媒介融合是世界传媒业在数字技术变革及市场变化等因素推动下显现的重要发展趋势。媒介融合是当代数字化网络媒介对于各种传播功能的集成、传媒相关产业组织的集团化、传媒业与相关产业间的交叉与渗透等融合趋势的总称。媒介融合趋势既体现在信息传播媒介的数字化上，也体现在传媒产业组织的整合和传媒相关产业的交叉上，在传媒媒介层面，媒介融合表现为新兴的数字媒介集各类传统传播媒介的传播功能于一体；在传媒产业组织层面，媒介融合表现为传媒产业组织间并购重组为大型的传媒企业或传媒企业集团；在传媒产业层面，媒介融合表现为传媒产业与信息产业等相关产业互相渗透，形成跨产业的新生融合市场。

传媒企业间的并购重组及集团化发展则是媒介融合在传媒产业组织层面的主要表现形式。欧美传媒企业实现集团化主要通过并购等资本运作方式，当代欧美大型传媒集团也是推动欧美乃至全球传媒企业并购的主导力量。集团化的不断进行带来产业集中度的提高，欧美及世界传媒市场已经出现极少数巨型传媒集团占据大部分产业资源和市场份额的现象。欧美传媒产业实践证明，集团化运作是传媒企业转型发展的效率较高且切实可行的途径，集团化有助于实现跨媒介经营，也有助于传媒业突破原有产业边界，寻找新的发展空间。迄今欧美出版传媒集团经营发展模式包括同领域扩张、跨媒介经营、跨行业多元化经营、国际化经营、数字化转型、跨行业专业化整合。在媒介融合趋势下，传统出版业增长存在瓶颈，欧美出版传媒集团发展主要存在三种典型模式：在数字化转型中彻底实现由出版商向信息提供商的转变;在数字化转型中经营主业由出版业切换到信息服务业;以出版业务为核心和基础,积极开拓延伸产业市场。

在传播数字化浪潮中,由于网络等数字媒介使用率的快速上升,图书等传统出版物的消费已难以增长,甚至出现下滑趋势,传统出版业务的市场规模增长空间已非常有限,这给以往以传统出版为主业的出版企业或出版集团带来了很大挑战。媒介融合趋势包含了媒介的数字化改造,数字技术已经全面而深刻地影响了出版业,数字出版已成为出版业新业态。如果固守增长有限甚至可能逐渐萎缩的传统出版市场,出版企业或出版集团将难以发展,甚至被伴随新市场而快速崛起的新生产业力量所超越甚至淘汰。在这种形势下,出版企业或出版集团必须开辟新的发展途径,发现增长较快的新市场,并伺机进入新市场,获取新的发展机会。

面对媒介融合,需要突破传统媒介视角下对出版的刻板认识。在媒介融合视角下,出版的本质是对人类精神文化内容的发掘与传播,具体而言是对承载了人类精神文化内容的作品的采集、编辑加工和传播。出版活动的价值在于提供有价值的信息和作品。作为出版物的作品的价值来源于其创作者和出版者付出的大量创造性精神劳动。

媒介融合趋势下,出版业必须通过转型来实现持续发展。基于这一认识,并借鉴欧美出版业的发展经验,可将我国出版业转型发展的方向与战略设计为:顺应媒介融合大趋势,优化传统出版业务,积极开展数字化转型,深入实施集团化发展,开拓产业融合领域,努力进军全球市场。

为实现这一转型发展战略,应完善我国出版业市场,促进我国出版业形成开放、公平、统一的产业要素和资本市场,使得市场在出版产业资源配置中起决定性作用。应调整政府与市场关系,政府应简政放权,改革出版管理制度,消除我国出版业顺应媒介融合转型发展的各种体制障碍。我国出版企业和出版集团应尽快建立现代企业制度,在宏观转型战略上应实施数字化转型和深化集团化发展。在数字化转型上,我国出版业各方应共同努力完善数字出版的商业模式和产业链,同时积极开拓信息服务业等融合市场业务。在集团化发展上,我国出版集团应基于出版业务在更大的关联产业领域开拓新的市场空间,进一步开展跨地区、跨媒介、跨行业、跨所有制重组,构建若干规模和专业优势突出的大型国际化出版传媒集团。

参考文献

一、英文文献

1. Benkler, Y: *The Wealth of Networks: How Social Production Transforms Markets and Freedom*, New Haven, CT: Yale University Press, 2006.
2. Espen Ytreberg: Convergence: Essentially confused?, *New Media Society*, 2011(13).
3. John Dimmick, Yan Chen, Zhan Li: Competition Between the Internet and Traditional News Media: The Gratification—Opportunities Niche Dimension, *Journal of Media Economics*, 2004(17).
4. Joseph Corneli, Aaron Krowne: *A Scholia—based Document Model for Commons-based Peer Production*, Proceedings of the Symposium on Free Culture and the Digital, 2005.
5. Julia Knight, Alexis Weedon: Editorial: Shifting Notions of Convergence, *Convergence*, 2009(15).
6. Pippa NorrisxDigital Divide: *Civic Engagement, Information Poverty, and the Internet worldwide*, Cambridge University Press, 2002.
7. Post, Bradford: Peer production promises to leap in importance, *Information Week*, 2002(7).
8. Simone Murray: Media Convergence's Third Wave: Content Streaming, *Convergence*, 2003(9).

9. Stigler, G.: The Division of Labor is Limited by the Extent of the Market, *Journal of Political Economy*, 1995, 1(59).

10. Yochai Benkler: The battle over the institutional ecosystem in the digital environment, *Communications of the ACM*, 2001, 44(2).

二、中文文献

1. 蔡雯、王学文:《角度·视野·轨迹——试析有关"媒介融合"的研究》,《国际新闻界》2009年第11期。

2. 高钢:《迎接媒介融合的时代》,《新闻与写作》2009年第7期。

3. 孟建、赵元珂:《媒介融合:粘聚并造就新兴的媒介化社会》,《国际新闻界》2006年第7期。

4. 匡文波、王丹黎:《新媒介融合:从零和走向共赢》,《广告大观》2007年第8期。

5. 陈国权:《报业媒介融合的价值辨析》,《中国记者》2009年第5期。

6. 孙海:《融合媒介的利弊之辩》,《华中师范大学研究生学报》2009第3期。

7. 陶喜红:《论媒介融合在中国的发展趋势》,《中国广告》2007年第5期。

8. 黄建友:《论媒介融合的内涵及其演进路径》,《当代传播》2009年第5期。

9. 彭兰:《从新一代电子报刊看媒介融合的走向》,《国际新闻界》2006年第7期。

10. 沈菲菲:《媒介融合对我国出版产业价值链构建的影响》,《新闻世界》2010第8期。

11. 欧阳志荣:《媒介融合时代的传统出版业:焦虑与应对》,《出版科学》2011年第7期。

12. 周山丹:《媒介融合时代图书出版业的发展策略》,《编辑之友》2010年第2期。

13. 代玉梅:《媒介融合视阈下出版业的变革与发展》,《编辑之友》2011年第9期。

14. 杨玲:《论媒介融合下出版竞争环境的变革与出版企业动态能力的建构》,《出版发行研究》2013 年第 2 期。

15. 潘涵等:《媒介融合背景下图书文化产业链的形成探析》,《新闻世界》2012 年第 10 期。

16. 陶丹:《媒介融合时代,出版企业需产业升级》,《出版参考》2011 年第 2 期。

17. 巢乃鹏、袁光峰:《媒介融合时代中国出版业的战略选择》,《出版发行研究》2012 年第 2 期。

18. 陈伟军:《媒介融合视野中的新闻出版强国建设》,《中国出版》2010 年第 11 期。

19. 魏悦:《浅谈图书出版媒介融合现象》,《长沙铁道学院学报》(社会科学版)2009 年第 9 期。

20. 郭慧:《内容价值增值视阈下的出版媒介融合研究》,武汉理工大学研究生学位论文(硕士),2008 年。

21. 陈伟军:《媒介融合语境中的阅读文化转型》,《国际新闻界》2012 年第 4 期。

22. 施勇勤:《数字出版:文化逻辑与产业规制——以媒介融合为视角》,《出版科学》2012 年第 3 期。

23. 中国社会科学院语言研究所词典编辑室:《现代汉语词典(第 6 版)》,商务印书馆 2012 年版。

24. 费孝通:《社会学概论》,天津人民出版社 1984 年版。

25. 郑杭生:《社会学概论新修(第三版)》,中国人民大学出版社 2003 年版。

26. 唐健雄:《企业战略转型能力研究》,湖南人民出版社 2010 年版。

27. 吴先锋、冯悦旋:《通信经济研究》,北京邮电大学出版社 2009 年版。

28. 闵大洪:《数字传媒概要》,复旦大学出版社 2003 年版。

29. 宋昭勋:《新闻传播学中 Convergence 一词溯源及内涵》,《现代传播》2006 年第 1 期。

30.〔美〕罗杰·菲德勒:《媒介形态变化——认识新媒介》,明安香译,华夏出版社2000年版。

31.邵培仁:《论人类传播史上的五次革命》,《中国广播电视学刊》1996年第7期。

32.蔡雯:《从"超级记者"到"超级团队"——西方媒体"融合新闻"的实践和理论》,《中国记者》2007第1期。

33.〔美〕约翰·帕夫利克:《新媒体技术——文化和商业前景》,周勇等译,清华大学出版社2005年版。

34.章于炎、〔美〕乔治·肯尼迪、〔美〕弗里兹·克岁普:《媒介融合:从优质新闻业务、规模经济到竞争优势的发展轨迹》,《中国传媒报告》2006年第3期。

35.高钢:《媒体融合:追求信息传播理想境界的过程》,《国际新闻界》2007年第3期。

36.喻国明、戴元初:《媒介融合情境下的竞争之道——对美国电视的新竞争策略的观察分析》,《新闻与写作》2008年第2期。

37.匡文波、王丹黎:《新媒介融合:从零和走向共赢》,《广告大观》2007年第8期。

38.丁柏铨:《媒介融合:概念、动因及利弊》,《南京社会科学》2011年第11期。

39.高钢、陈绚:《关于媒体融合的几点思索》,《国际新闻界》2006年第9期。

40.赵星耀:《认知媒介融合的既有理念和实践》,《国际新闻界》2011年第3期。

41.许颖:《互动·整合·大融合——媒体融合的三个层次》,《国际新闻界》2006年第7期。

42.徐沁:《泛时代的生存法则——论媒介融合》,浙江大学博士学位论文,2008年。

43.黄建友:《论媒介融合的内涵及其演进路径》,《当代传播》2009年第5期。

44. 汪曙华:《传媒数字化背景下的媒介融合与全媒体传播》,《东南传播》2011年第4期。

45. 傅玉辉:《大媒体产业:从媒介融合到产业融合》,中国广播电视出版社2008年版。

46. 郭庆光:《传播学教程》(第二版),中国人民大学出版社2011年版。

47. 张晓群:《传播效率与经济增长》,社会科学文献出版社2009年版。

48. 常静、杨建梅:《百度百科用户参与行为与参与动机关系的实证研究》,《科学学研究》2009年第8期。

49. 周学春:《社会化媒介的价值、机制和治理策略研究:以百度百科为例》,武汉大学博士学位论文,2013年。

50. 马蕴:《传统百科全书的在线化之路——基于三大在线百科之比较》,《新闻传播》2013年第11期。

51. 廖小珊:《维基百科信息生产机制管窥》,《新闻窗》2010年第1期。

52. 陈雁渤:《大英百科全书凭什么和维基百科竞争》,《中国商报》2012年3月23日。

53. 肖湘女:《中国大百科全书出版社"上线"转型》,《北京商报》2013年12月20日。

54. 喻国明、许子豪、赵晓泉:《上网时间对传统媒介使用时间的影响》,《现代传播》2013年第4期。

55. 周荣辉:《英语阅读理解策略与技巧》,西南交通大学出版社2009年版。

56. 曾绚琦:《全民阅读的时代意义与实现途径》,《现代出版》2014第1期。

57. 全国国民阅读调查课题组:《2012年全国国民阅读十大趋势》,《出版发行研究》2013年第5期。

58. 陈香:《重塑图书馆与出版业在阅读革命中的新位置》,《中华读书报》2013年4月7日。

59. 吕建生:《美国出版业的现状与发展趋势初探》,《大学出版》2008年第2期。

60. 张桂兰:《2012年美国图书市场简况》,《数码印刷》2013年第10期。

61. 孙月沐:《中国书业年度报告(2009—2010)》,商务印书馆2010年版。

62. 陈昕:《中国出版产业论稿》,复旦大学出版社2006年版。

63. 巢峰:《中国图书出版业的滞胀现象——兼论出版改革的症结所在》,《编辑学刊》2005年第1期。

64. 李昕:《滞胀:中国出版业面临的困境》,《现代出版》2013年第3期。

65. 巢峰:《出版业存在十大滞胀现象》,《编辑之友》2008年第11期。

66. E.M.罗杰斯:《创新的扩散》,辛欣译,中央编译出版社2002年版。

67. 陈汉辞:《作家数字版权收入调查:韩寒仅千元易中天全免费》,《第一财经日报》2011年4月01日。

68. 刘玉平、林秀香、邢俊英:《财务管理理论与实务》,中共中央党校出版社2008年版。

69. 刘一宁:《兼并重组新政或掀新一轮并购潮》,《中国城乡金融报》2014年4月1日。

70. 顾永才:《我国出版企业的多元化与专业化经营之辩》,《现代出版》2013年第5期。

71. 朱静雯:《中国出版企业集团发展研究》,辽宁人民出版社2005年版。

72. 史仕新、付建平:《企业集团核心竞争力研究》,中国社会科学出版社2011年版。

73. 季宗绍:《传媒经营与管理》,南京师范大学出版社2010年版。

74. 李良荣:《当代西方新闻媒体》,复旦大学出版社2003年版。

75. 郑保卫:《论媒介经济与传媒集团化发展》(论文集),中国人民大学出版社2003年版。

76. 周蔚华:《出版产业散论》,复旦大学出版社2009年版。

77. 王积龙:《美国出版集团并购新趋势》,《出版参考》2007年第1期。

78. 王积龙:《从汤姆森—路透的并购看:增值最快与市场最大》,《出版参考》2007年第8期。

79.傅凯:《汤姆森路透要做世界财经信息老大》,《北京商报》2007年5月10日。

80.唐润华、文建:《"汤姆森—路透"并购案影响分析》,《中国记者》2007年第6期。

81.李欣原、臧蕙心:《互联网催生巨头并购潮》,《计算机世界》2007年5月14日。

82.彭致:《汤姆森学习出版集团77.5亿美元售出》,《中国新闻出版报》2007年7月13日。

83.李欣原、臧蕙心:《互联网催生巨头并购潮》,《计算机世界》2007年5月14日。

84.邓文:《励德·爱思唯尔的数字化转型》,《中国图书商报》2009年4月14日。

85.刘益、马长云:《励德·爱思唯尔集团的经营概况分析》,《科技与出版》2011年第2期。

86.齐思慧:《探寻励德·爱思唯尔发展之道》,《出版参考》2013年第1期。

87.王建辉:《出版集团的成长历程》,《编辑之友》2008年第6期。

88.胡惠林:《我国文化产业政策文献研究综述(1999—2009)》,上海人民出版社2010年版。

89.李虎:《我国的出版集团研究》,云南大学研究生学位论文(硕士),2011年。

90.刘伯根:《出版集团战略投资论》,新星出版社2011年版。

91.刘蒙之:《中国民营书业发展的多维历史情境分析》,《现代出版》2012年第3期。

92.王涛:《培生数字化转型秘诀》,《经济日报》2011年11月12日。

93.孙宝寅、崔保国:《准市场机制运营:中国的出版集团发展与现状》,清华大学出版社2007年版。

94.陈凤兰:《剑桥大学出版社学术期刊运营特色探究》,《科技与出版》2013

年第 4 期。

三、中文网络文献

1. 陈浩文:《再论媒介融合(Media Convergence)》,http://www.zijin.net/news/journalism1/2008-1-11/n08111430612H23IE6CDEG1.shtml。

2. 百度百科,GNU,http://baike.baidu.com。

3. 百度百科,UGC,http://baike.baidu.com/subview/713949/9961909.htm? fr = aladdin。

4. 中国互联网信息中心(CNNIC):《中国互联网络发展状况统计报告》,http://www.cnnic.cn/。

5. 中国出版网:《全国国民阅读调查》,http://www.chuban.cc/ztjj/yddc/。

6. 陈冰:《纸的时代结束了》,http://www.ituring.com.cn/article/26021。

7.《1994 年—1996 年互联网大事记》,http://www.cnnic.cn/hlwfzyj/hlwdsj/201206/t20120612_27415.htm。

8. 中国互联网信息中心:《中国互联网络发展状况统计报告》,http://www.cnnic.cn/hlwfzyj。

9.《美国在线时代华纳合二为一》,http://tech.sina.com.cn/news/internet/2000-01-12/15248.shtml。

10. 黄明:《时代华纳美国在线正式"分手"》,http://www.ceweekly.cn/html/Article/2009-12/987150_2.html。

11. 中文百科在线:《励德·爱思唯尔集团》,http://www.zwbk.org/MyLemmaShow.aspx? lid = 222198。

12. 中文百科在线:《培生教育集团》,http://www.zwbk.org/MyLemmaShow.aspx? lid = 222204。

13. 大佳网:《〈金融时报〉集团》,http://www.dajianet.com/world/2011/0425/154133.shtml。

14. 史川轩:《全球最大教育出版集团培生会卖 FT?》,http://tech.qq.com/a/

20100806/000025.htm。

15.《贝塔斯曼与培生集团合并 企鹅兰登书屋成立》,http://book.sina.com.cn/news/。

16.《环球教育集团与Pearson国际教育集团发布收购计划》,http://www.gedu.org/cooperation/。

17.中国新闻网:《出版集团上市可期 非公资本蓄势待发》,http://www.chinanews.com/cul/2010/08-18/2475667.shtml。

18.互动百科:《信息服务业》,http://www.baike.com/wiki/。

图书在版编目（CIP）数据

媒介融合趋势下的出版变迁与转型/汪曙华著.—北京：中国传媒大学出版社，2016.12

（中国出版产业发展研究丛书／蔡翔总主编）

ISBN 978-7-5657-1846-5

Ⅰ.①媒… Ⅱ.①汪… Ⅲ.①出版业-发展-研究-中国 Ⅳ.①G239.2

中国版本图书馆 CIP 数据核字（2016）第 238541 号

媒介融合趋势下的出版变迁与转型

MEIJIE RONGHE QUSHI XIADE CHUBAN BIANQIAN YU ZHUANXING

著　　者	汪曙华
责任编辑	赵丽华　唐　颖
封面制作	泰博瑞国际文化传媒
责任印制	曹　辉
出版发行	中国传媒大学出版社
社　　址	北京市朝阳区定福庄东街 1 号　邮编：100024
电　　话	86-10-65450528　65450532　传真：65779405
网　　址	http://www.cucp.com.cn
经　　销	全国新华书店
印　　刷	北京艺堂印刷有限公司
开　　本	710mm×1000mm　1/16
印　　张	12.5
字　　数	161 千字
版　　次	2016 年 12 月第 1 版　2016 年 12 月第 1 次印刷
书　　号	ISBN 978-7-5657-1846-5/G·1846　　定　价　42.00 元

版权所有　　翻印必究　　印装错误　　负责调换